TRUMAN CAPOTE
YACHTEN UND DERGLEICHEN

TRUMAN CAPOTE

Yachten und dergleichen

ERZÄHLUNGEN

Aus dem Amerikanischen
von Ursula-Maria Mössner

KEIN & ABER

Herausgegeben von
Anuschka Roshani

Alle Texte dieser Ausgabe mit Ausnahme des neu entdeckten *Yachten und dergleichen* sind dem Band *Baum der Nacht* entnommen, der 2007 bei Kein & Aber erschien.

Die Originalausgabe von *Baum der Nacht* erschien unter dem Titel »The Complete Stories« bei Random House, Inc., New York

Originally published in hardcover by Random House, Inc., New York, in 1948. This translation published by arrangement with Random House, an imprint of Random House Publishing Group, a division of Random House, Inc.

Druck und Bindung: Kösel Gmbh, Krugzell
ISBN 978-3-0369-5679-4

www.keinundaber.ch

INHALT

WÜSTE

Um fünf Uhr an diesem Winternachmittag hatte sie eine Verabredung mit Dr. Bentsen, früher ihr Psychoanalytiker und derzeit ihr Liebhaber. Als ihre Beziehung vom Analytischen zum Emotionalen übergegangen war, hatte er, aus ethischen Gründen, darauf bestanden, dass sie aufhörte, seine Patientin zu sein. Nicht dass es eine Rolle gespielt hätte. Als Analytiker war er keine große Hilfe gewesen, und als Liebhaber – na ja, sie hatte einmal gesehen, wie er zum Bus rannte, ein zwei Zentner schwerer, eher kleiner, kraushaariger, breithüftiger, kurzsichtiger New Yorker Intellektueller um die Fünfzig, und sie hatte gelacht: Wie konnte sie nur einen Mann lieben, der so griesgrämig, so unförmig war wie Ezra Bentsen? Die Antwort war, dass sie ihn gar nicht liebte; in Wirklichkeit mochte sie ihn nicht. Aber zumindest verband sie ihn nicht mit Resignation und Verzweiflung. Sie fürchtete ihren Mann; vor Dr. Bentsen hatte sie keine Angst. Dennoch war ihr Mann derjenige, den sie liebte.

Sie war reich; auf jeden Fall bekam sie eine stattliche Zuwendung von ihrem Ehemann, der reich war, und konnte sich daher das Ein-Zimmer-Apartment leisten, in dem sie ihren Liebhaber etwa einmal, hin und wieder zweimal in der Woche traf, aber nicht öfter. Sie konnte sich auch die Geschenke leisten, die er bei diesen Gelegenheiten zu erwarten schien. Nicht dass er deren Qualität zu würdigen gewusst hätte: Verdura-Manschettenknöpfe, klassische Paul-Flato-Zigarettenetuis, die obligatorische Cartier-Armbanduhr sowie (vor allen Dingen) ab und zu bestimmte Summen in bar, die er sich von ihr »borgte«.

Ihr selbst hatte er noch nie etwas geschenkt. Doch, einmal: einen spanischen Zierkamm aus Perlmutt, von dem er behauptete, er sei ein Erbstück, habe seiner Mutter gehört. Natürlich konnte sie den Kamm nie tragen, denn sie trug ihr Haar, das flauschig und tabakfarben war, wie eine kindliche

Aureole um ihr täuschend naives und auffallend jugendliches Gesicht. Dank strenger Diät, privatem Fitnesstraining bei Joseph Pilates und der dermatologischen Bemühungen von Dr. Orentreich sah sie aus wie Anfang zwanzig; sie war sechsunddreißig.

Der spanische Kamm. Ihr Haar. Das erinnerte sie an Jaime Sanchez und etwas, das sich gestern ereignet hatte. Jaime Sanchez war ihr Friseur, und obwohl sie sich erst knapp ein Jahr kannten, waren sie, auf ihre Art, gute Freunde. Sie vertraute ihm manches an; er vertraute ihr wesentlich mehr an. Bis vor Kurzem hatte sie Jaime für einen glücklichen, fast im Übermaß gesegneten Menschen gehalten. Er lebte mit einem attraktiven Lover zusammen, einem jungen Zahnarzt namens Carlos. Jaime und Carlos waren in San Juan Schulkameraden gewesen; sie hatten Puerto Rico gemeinsam verlassen, sich erst in New Orleans niedergelassen, dann in New York, und Jaime hatte als Kosmetiker gearbeitet, worin er sehr talentiert war, um Carlos das Zahnmedizinstudium zu ermöglichen. Inzwischen hatte Carlos eine eigene Praxis und einen Patientenkreis aus wohlhabenden Puertoricanern und Schwarzen.

Allerdings war ihr bei ihren letzten Besuchen aufgefallen, dass Jaimes gewöhnlich ungetrübte Augen düster waren, gelblich, als hätte er einen Kater, und dass seine fachmännisch tüchtigen Hände, normalerweise so ruhig und geschickt, ein wenig zitterten.

Gestern, während er ihr Haar nachschnitt, hatte er plötzlich innegehalten und gekeucht, richtig gekeucht – nicht als ob er nach Atem ringe, sondern als würde er gegen einen Schrei ankämpfen.

Sie hatte gesagt: »Was ist los? Alles in Ordnung?«

»Nein.«

Er war zu einem Waschbecken gegangen und hatte sich kaltes Wasser ins Gesicht gespritzt. Während er sich abtrocknete, sagte er: »Ich werde Carlos umbringen.« Er schwieg, als erwartete er, dass sie ihn nach dem Grund fragte; als sie ihn lediglich anstarrte, fuhr er fort: »Alles Reden ist zwecklos. Er versteht es nicht. Was ich auch sage, er kapiert es nicht. Die einzige Art, an ihn heranzukommen, ist für mich, ihn umzubringen. Dann kapiert er endlich.«

»Ich verstehe kein Wort, Jaime.«

»Habe ich Ihnen mal von Angelita erzählt? Meiner Kusine Angelita? Sie kam vor sechs Monaten hierher. Sie war schon immer in Carlos verliebt. Schon seit sie zwölf war.

Und jetzt ist Carlos in sie verliebt. Er will sie heiraten und einen Stall voll Kinder haben.«

Sie war so peinlich berührt, dass ihr nichts anderes einfiel, als zu fragen: »Ist sie nett?«

»Zu nett.« Er hatte die Schere genommen und wieder zu schneiden begonnen. »Nein, ganz ehrlich. Sie ist ein wunderbares Mädchen, sehr zierlich, wie ein hübscher Papagei, und viel zu nett; ihre Warmherzigkeit kann grausam sein. Dabei begreift sie gar nicht, dass sie grausam ist. Zum Beispiel …« Sie warf einen flüchtigen Blick auf Jaimes Gesicht, das sich im Spiegel über dem Waschbecken bewegte; es war nicht das fröhliche Gesicht, das sie oft bezaubert hatte, sondern das exakte Spiegelbild von Schmerz und Verwirrung. »Angelita und Carlos möchten, dass ich bei ihnen wohne, wenn sie verheiratet sind, wir drei alle zusammen in einer Wohnung. Es war ihre Idee, und Carlos sagt, aber ja, unbedingt!, wir müssen alle zusammenbleiben und dass er und ich von nun an wie Brüder sein werden. Das ist der Grund, warum ich ihn umbringen muss. Er kann mich nicht geliebt haben, wenn er nicht merkt, welche Höllenqualen ich leide. Er sagt: ›Ja, ich liebe dich, Jaime; aber Angelita – das ist etwas anderes.‹ Das ist überhaupt nichts anderes. Man liebt, oder man liebt nicht. Man zerstört, oder man zerstört nicht. Aber das wird Carlos nie begreifen. Nichts dringt zu ihm durch, gar nichts – nur eine Kugel oder ein Rasiermesser.«

Sie wollte lachen; gleichzeitig konnte sie es nicht, weil ihr klar wurde, dass er es ernst meinte, und auch weil sie sehr wohl wusste, wie wahr es war, dass man manche Menschen nur dann dazu bringen konnte, die Wahrheit zu erkennen, dazu bringen konnte zu *begreifen*, wenn man ihnen eine drakonische Strafe auferlegte.

Trotzdem lachte sie, aber auf eine Art, die

Jaime nicht als echtes Lachen auffassen würde. Es war so etwas wie ein mitfühlendes Schulterzucken. »Sie könnten nie jemanden umbringen, Jaime.«

Er begann ihre Haare zu kämmen; er tat es nicht behutsam, aber sie wusste, dass der Zorn, der in den heftigen Bewegungen lag, sich nicht gegen sie, sondern gegen ihn selbst richtete. »Scheiße!« Dann: »Nein. Und das ist der Grund für die meisten Selbstmorde. Jemand tut dir unheimlich weh. Du möchtest ihn umbringen, aber du kannst es nicht. Das ganze Elend nur, weil man ihn liebt, und man kann ihn nicht umbringen, weil man ihn liebt. Also bringt man stattdessen sich selbst um.«

Als sie ging, erwog sie, ihn auf die Wange zu küssen, beließ es jedoch bei einem Händedruck. »Ich weiß, wie abgedroschen das klingt, Jaime. Und im Moment ist es gewiss wenig hilfreich. Aber vergessen Sie nicht – es gibt immer einen anderen. Sie dürfen nur nicht nach der gleichen Person suchen, das ist alles.«

Das Rendezvous-Apartment lag in der East Sixty-fifth Street; an diesem Tag ging sie von ihrem Heim, einem kleinen Stadthaus am Beekman Place, zu Fuß hin. Es war windig, auf dem Bürgersteig lagen noch Schneereste, und das Wetter versprach weitere Schneefälle, aber ihr war angenehm warm in dem Mantel, den ihr Mann ihr zu Weihnachten geschenkt hatte – ein zobelfarbener Wildledermantel mit Zobelfutter.

Ein Vetter hatte das Apartment unter seinem Namen für sie gemietet. Der Vetter, der mit einer Schreckschraube verheiratet war und in Greenwich lebte, besuchte das Apartment manchmal mit seiner Sekretärin, einer dicken Japanerin, die sich mit irrsinnigen Mengen von Mitsouko besprühte. An diesem Nachmittag roch das ganze Apartment nach dem Parfüm der Dame, woraus sie schloss, dass sich ihr Vetter erst vor Kurzem hier verlustiert hatte. Was bedeutete, dass sie das Bett frisch beziehen musste.

Sie tat es und machte sich dann selbst zurecht. Sie legte ein kleines Etui auf den Nachttisch, das in glänzendes türkisblaues

Papier eingewickelt war; darin befand sich ein goldener Zahnstocher, den sie bei Tiffany gekauft hatte, ein Geschenk für Dr. Bentsen, denn er hatte unter anderem die unangenehme Angewohnheit, sich ständig in den Zähnen herumzustochern, zu allem Überfluss auch noch mit Papierstreichhölzern. Sie hatte sich gedacht, dass ein goldener Zahnstocher das Ganze etwas weniger unappetitlich machen würde. Sie legte einen Stapel Schallplatten von Lee Wiley und Fred Astaire auf den Plattenspieler, schenkte sich ein Glas kalten Weißwein ein, zog sich nackt aus, ölte sich ein und streckte sich auf dem Bett aus, summte und sang mit dem himmlischen Fred und wartete darauf, den Schlüssel ihres Liebhabers im Türschloss zu hören.

Allem Anschein nach waren Orgasmen qualvolle Momente im Leben von Ezra Bentsen: Er verzerrte das Gesicht, er knirschte mit dem künstlichen Gebiss, er wimmerte wie ein angsterfülltes Kind. Natürlich war sie immer erleichtert, wenn sie das Wimmern hörte; es bedeutete, dass seine schweißgebadete Masse sich bald von ihr herunterwälzen würde, denn er war keiner, der verweilte, zärtliche Komplimente flüsterte: Er wälzte sich einfach herunter. Und heute, nachdem er dies getan hatte, griff er gierig nach dem kleinen blauen Etui, da er wusste, dass es ein Geschenk für ihn war. Nachdem er es geöffnet hatte, grunzte er.

Sie sagte zur Erklärung: »Es ist ein goldener Zahnstocher.«

Er gluckste, ein bei ihm ungewohnter Laut, denn sein Sinn für Humor war nicht sonderlich ausgeprägt. »Irgendwie ganz nett«, sagte er und begann sich in den Zähnen zu stochern. »Weißt du, was gestern Abend passiert ist? Ich habe Thelma eine gescheuert. Aber wie. Und ihr einen Schlag in den Magen versetzt.«

Thelma war seine Frau; sie war Fachärztin für Kinderpsychiatrie und dem Vernehmen nach eine sehr gute.

»Das Problem mit Thelma ist, dass man nicht mit ihr reden kann. Sie kapiert nichts. Manchmal ist das die einzige Methode, ihr etwas klar zu machen. Ihr eine dicke Lippe zu verpassen.«

Sie musste an Jaime Sanchez denken.

»Kennst du eine Mrs. Roger Rhinelander?«, sagte Dr. Bentsen.

»Mary Rhinelander? Ihr Vater war der beste Freund meines Vaters. Die beiden besaßen zusammen einen Rennstall. Eines ihrer Pferde hat das Kentucky Derby gewonnen. Die arme Mary. Sie hat einen richtigen Mistkerl geheiratet.«

»Das hat sie mir auch gesagt.«

»Ach ja? Ist Mary Rhinelander eine neue Patientin?«

»Eine nagelneue. Komisch. Sie kam mehr oder weniger aus dem gleichen speziellen Grund zu mir wie du; ihre Situation ist praktisch identisch mit deiner.«

Aus dem gleichen speziellen Grund? Eigentlich hatte sie mehrere Probleme, die schließlich zu ihrer Verführung auf Dr. Bentsens Couch beigetragen hatten, wobei das Hauptproblem darin lag, dass sie seit der Geburt ihres zweiten Kindes nicht mehr fähig war, eine sexuelle Beziehung mit ihrem Mann zu haben. Sie hatte geheiratet, als sie vierundzwanzig war; ihr Mann war fünfzehn Jahre älter als sie. Obwohl sie sich häufig gestritten hatten und beide eifersüchtig waren, blieben ihr die ersten fünf Jahre ihrer Ehe als eine ungetrübte Zeit in Erinnerung. Die Schwierigkeiten begannen, als er ein Kind von ihr wollte; wenn sie nicht so in ihn verliebt gewesen wäre, hätte sie niemals zugestimmt – sie hatte Angst vor Kindern gehabt, als sie selbst noch ein Kind war, und sie fühlte sich in Gesellschaft von Kindern unwohl. Aber sie hatte ihm einen Sohn geschenkt, und die Erfahrungen der Schwangerschaft hatten sie traumatisiert: Wenn sie einmal nicht tatsächlich litt, dann bildete sie es sich ein, und nach der Geburt verfiel sie in eine Depression, die über ein Jahr anhielt. Jeden Tag verbrachte sie vierzehn Stunden im Seconal-Schlaf; in den übrigen zehn hielt sie sich wach, indem sie sich mit Amphetaminen vollstopfte. Das zweite Kind, ein weiterer Junge, war ein Unfall unter Alkoholeinfluss gewesen – obwohl sie den Verdacht hegte, dass in Wahrheit ihr Mann sie überlistet hatte. Sobald sie wusste, dass sie wieder schwanger war, hatte sie auf einer Abtreibung bestanden; er hatte gesagt, wenn sie das tue, werde er sich von ihr scheiden lassen. Nun, das sollte er noch schwer bereuen. Das Kind war zwei Monate zu früh zur Welt gekommen, wäre beinahe gestorben, und sie, aufgrund starker innerer Blutungen, ebenfalls; beide hatten sie während monatelanger Intensivpflege am Rande des Abgrunds geschwebt. Seit damals hatte sie nie wieder ein Bett mit ihrem Mann geteilt; sie wollte, aber sie konnte nicht, denn seine Nacktheit, der Gedanke an seinen Körper in ihrem, löste bodenlose panische Angst aus.

Dr. Bentsen trug dicke schwarze Socken mit Sockenhaltern, die er »beim Akt« nie auszog; als er nun seine Sockenhalter-Beine in eine am Gesäß glänzende Serge-Hose schob, sagte er: »Mal sehen. Heute ist Dienstag. Am Mittwoch haben wir unseren Jahrestag ...«

»Unseren Jahrestag?«

»Thelma und ich! Zwanzigsten Hochzeitstag. Ich möchte sie ausführen ... Sag mal, was ist derzeit das beste Restaurant?«

»Das ist doch völlig egal. Es ist sehr klein und sehr schick und du würdest dort nie einen Tisch bekommen.«

Sein Mangel an Humor bestätigte sich:

»Das ist eine verdammt merkwürdige Antwort. Was soll das heißen, ich würde dort nie einen Tisch bekommen?«

»Genau das, was ich gesagt habe. Der Besitzer brauchte dich nur anzuschauen und wüsste sofort, dass du haarige Fesseln hast. Es gibt nämlich Leute, die Menschen mit haarigen Fesseln nicht bedienen. Er ist einer von ihnen.«

Dr. Bentsen kannte ihre Angewohnheit, ungewöhnliche Dinge zu sagen, und er hatte gelernt, so zu tun, als wüsste er, was gemeint ist; er wusste so wenig von ihrem Umfeld wie sie von seinem, aber die Wechselhaftigkeit seines Charakters gestattete ihm nicht, es zuzugeben.

»Na dann«, sagte er, »ist dir Freitag recht? Gegen fünf?«

Sie sagte: »Nein, danke.« Er band sich gerade die Krawatte und hielt inne; sie lag noch immer auf dem Bett, unbedeckt, nackt; Fred sang gerade *By Myself*. »Nein, danke, mein lieber Dr. Bentsen. Ich glaube nicht, dass wir uns hier noch einmal treffen werden.«

Sie konnte sehen, dass er verdutzt war. Natürlich würde er sie vermissen – sie war sehr schön, sie war rücksichtsvoll, es störte sie nie, wenn er sie um Geld bat. Er kniete sich neben das Bett und streichelte ihre Brüste. Sie bemerkte, dass kalter Schweiß auf seiner Oberlippe lag. »Was soll das? Bist du high? Oder betrunken?«

Sie lachte und sagte: »Das Einzige, was ich trinke, ist Weißwein, und das sehr wenig. Nein, mein Freund. Der Grund ist schlicht, dass du haarige Fesseln hast.«

Wie viele Analytiker nahm Dr. Bentsen alles sehr wörtlich; einen winzigen Moment lang dachte er sogar daran, die Socken auszuziehen und seine Füße zu untersuchen. Beleidigt wie ein Kind sagte er: »Ich *hab* keine haarigen Fesseln.«

»O doch, das hast du. Genau wie ein Pferd. Alle gewöhnlichen Pferde haben haarige Fesseln. Reinrassige nicht. Die Fesseln von Zuchtpferden sind glatt und glänzend. Grüß Thelma von mir.«

»Klugscheißer. Bis Freitag?«

Die Astaire-Platte war zu Ende. Sie trank den letzten Schluck Wein.

»Vielleicht. Ich rufe dich an«, sagte sie.

Wie es sich ergab, rief sie ihn nie wieder an und sah ihn auch nie wieder – außer einmal, ein Jahr später, als sie im La Grenouille neben ihm auf einer Polsterbank saß; er aß dort mit Mary Rinelander zu Mittag, und sie war belustigt, als sie sah, dass Mrs. Rinelander die Rechnung unterschrieb.

Der versprochene Schneefall hatte eingesetzt, als sie, wiederum zu Fuß, das Haus am Beekman Place erreichte. Die Eingangstür war hellgelb gestrichen und hatte einen Messingklopfer in der Form einer Löwenpranke. Anna, eines der vier irischen Mädchen, die das Personal des Hauses bildeten, machte die Tür auf und berichtete, dass die Kinder, erschöpft von einem Nachmittag auf der Eislaufbahn des Rockefeller Center, bereits gegessen hatten und zu Bett gebracht worden waren.

Gott sei Dank. Nun musste sie nicht die halbe Stunde mit Spielen und Geschichtenerzählen und Gutenachtküssen über sich ergehen lassen, die üblicherweise den Tag ihrer Kinder beendete; sie mochte keine liebevolle

Mutter sein, aber sie war eine pflichtbewusste – so wie es ihre eigene Mutter gewesen war. Es war sieben Uhr, und ihr Mann hatte angerufen und mitgeteilt, dass er um halb acht zu Hause sein werde; um acht wollten sie mit den Sylvester Hales, Freunden aus San Francisco, zu einer Abendgesellschaft gehen. Sie badete, parfümierte sich, um Andenken an Dr. Bentsen zu beseitigen, erneuerte ihr Make-up, wovon sie stets nur sehr sparsam Gebrauch machte, und zog einen grauen Seidenkaftan und graue Seidenpumps mit perlenbesetzten Schnallen an.

Sie posierte gerade in der Bibliothek im ersten Obergeschoss vor dem Kamin, als sie die Schritte ihres Mannes auf der Treppe hörte. Es war eine anmutige Pose, so einladend wie der Raum selbst, ein ungewöhnlicher achteckiger Raum mit zimtfarben lackierten Wänden, einem gelb lackierten Boden, Bücherregalen aus Messing (eine von Billy Baldwin abgeschaute Idee), zwei großen Stauden brauner Orchideen in gelben chinesischen Vasen, ein Marino-Marini-Pferd, das in einer Ecke stand, einem Südsee-Gauguin über dem Kamin und einem dezent flackernden Feuer im Kamin. Glastüren boten Ausblick auf einen im Dunkel liegenden Garten, fallenden Schnee und erleuchtete Schleppkähne, die wie Laternen auf dem East River trieben. Vor dem Kamin stand eine ausladende Couch mit mokkafarbener Samtpolsterung, und vor ihr, auf einem Tisch, der im gleichen Gelbton lackiert war wie der Fußboden, thronte ein mit Eis gefüllter silberner Kübel; darin eingebettet befand sich eine randvolle Karaffe, die mit Pfeffer aromatisierten roten russischen Wodka enthielt.

Ihr Mann zögerte unter der Tür, dann nickte er ihr anerkennend zu: Er gehörte zu den Männern, die die äußere Erscheinung einer Frau wirklich wahrnehmen, mit einem Blick die ganze Atmosphäre erfassen. Es lohnte sich, sich für ihn schönzumachen, und dies war einer der unbedeutenderen Gründe, warum sie ihn liebte. Ein wesentlicherer Grund war, dass er ihrem Vater ähnelte, einem Mann, der der Mann ihres Lebens gewesen war und immer bleiben würde; ihr Vater hatte sich erschossen, obwohl niemand wusste, warum, denn er war ein Gentleman von geradezu abnormaler Diskretion. Bevor das passierte, hatte sie drei Verlobungen gelöst, aber zwei Monate nach dem Tod ihres Vaters lernte sie George kennen und heiratete ihn, weil er sowohl vom Aussehen als auch vom Auftreten her ihrer großen verlorenen Liebe nahekam.

Sie ging durch das Zimmer, um ihrem Mann entgegenzukommen. Sie küsste seine Wange, und das Fleisch unter ihren Lippen war so kalt wie die Schneeflocken vor dem Fenster. Er war kräftig gebaut, irischer Abstammung, schwarzhaarig und grünäugig, stattlich, obwohl er in letzter Zeit beträchtlich Pfunde angesetzt und auch leichte Hängebacken bekommen hatte. Er strahlte eine oberflächliche Vitalität aus; schon deswegen fühlten sich Männer wie Frauen zu ihm hingezogen. Bei genauerer Betrachtung spürte man jedoch eine innere Mattigkeit, das Fehlen von jeglichem echten Optimismus. Seine Frau war sich dessen zutiefst bewusst; wie sollte sie es auch nicht sein? Sie war schließlich der Hauptgrund dafür.

Sie sagte: »Es ist so ein scheußlicher Abend, und du siehst so müde aus. Lass uns zu Hause bleiben und am Kamin essen.«

»Wirklich, Liebling? Du hättest nichts dagegen? Es scheint mir nur den Hales gegenüber nicht ganz fair zu sein. Obwohl sie eine Fotze ist.«

»*George!* Nicht dieses Wort! Du weißt, wie ich das hasse.«

»Tut mir leid«, sagte er wahrheitsgemäß. Er war immer darauf bedacht, sie nicht zu verletzen, so wie auch sie ihm gegenüber stets darauf achtete: eine Folge des Schweigens, das beide zugleich zusammenhielt und trennte.

»Ich rufe an und sage, dass du eine Erkältung bekommst.«

»Das ist nicht einmal gelogen. Ich glaube, ich bekomme tatsächlich eine.«

Während sie die Hales anrief und mit Anna vereinbarte, dass in einer Stunde eine Suppe und ein Soufflé serviert wurden, kippte er eine tüchtige Portion des scharlachroten Wodkas und spürte, wie er in seinem Magen ein Feuer entzündete; bevor seine Frau zurückkam, schenkte er sich noch einen ordentlichen Schuss ein und streckte sich der Länge nach auf der Couch aus. Sie kniete sich auf den Boden und zog ihm die Schuhe aus und begann seine Füße zu massieren: Bei Gott, *er* hatte *keine* haarigen Fesseln.

Er stöhnte. »Mmmm. Das tut gut.«

»Ich liebe dich, George.«

»Ich liebe dich auch.«

Sie dachte daran, eine Platte aufzulegen, aber nein, das Geräusch des Feuers war alles, was der Raum brauchte.

»George?«

»Ja, Liebling?«

»Woran denkst du?«

»An eine Frau namens Ivory Hunter.«

»Kennst du wirklich jemanden namens Ivory Hunter?«

»Na ja. Das war ihr Künstlername. Sie war mal Varietétänzerin.«

Sie lachte. »Was ist sie, eines deiner College-Abenteuer?«

»Ich kenne sie überhaupt nicht. Ich habe nur einmal von ihr gehört. In dem Sommer nach dem Abschluss in Yale.«

Er schloss die Augen und leerte sein Glas. »In dem Sommer, als ich nach New Mexico und Kalifornien getrampt bin. Erinnerst du dich? Wo ich mir die gebrochene Nase geholt habe. Bei einer Schlägerei in einer Kneipe in Needles, Kalifornien.« Sie mochte seine gebrochene Nase, sie glich die extreme Sanftheit seines Gesichts aus; er hatte einmal davon gesprochen, sie sich nochmals brechen und richten zu lassen, aber sie hatte es ihm ausgeredet. »Es war Anfang September, und das ist immer die heißeste Zeit in Südkalifornien; fast jeden Tag über 40 Grad. Ich hätte mir den Bus leisten sollen, zumindest für die Fahrt durch die Wüste. Aber da stand ich wie ein Depp, mitten in der Mojave-Wüste, mit einem fünfundzwanzig Kilo schweren Rucksack auf dem Buckel und schwitzte, bis kein Schweiß mehr in mir war. Ich schwöre dir, es hatte fünfundsechzig Grad im Schatten. Nur dass es nirgendwo Schatten gab. Nur Sand und Mesquite-Sträucher und den glühend heißen blauen Himmel. Einmal kam ein großer Laster vorbei, der aber nicht anhielt. Er überfuhr lediglich eine Klapperschlange, die gerade über die Straße kroch.

Ich sagte mir immer wieder, dass irgendwo etwas auftauchen musste. Eine Tankstelle. Hin und wieder kamen Autos vorbei, aber ich hätte ebenso gut unsichtbar sein können. Ich fing an, mich selbst zu bedauern, zu verstehen, was es heißt, hilflos zu sein, und zu verstehen, warum es gut ist, dass die Buddhisten ihre jungen Mönche zum Betteln losschicken. Es ist eine Läuterung. Es nimmt den letzten Babyspeck weg.

Und dann traf ich auf Mr. Schmidt. Ich dachte zuerst, es sei eine Fata Morgana. Ein alter, weißhaariger Mann, etwa vierhundert Meter weiter. Er stand am Straßenrand, umgeben von flirrenden Hitzewellen. Als ich näher kam, sah ich, dass er einen Stock hatte und eine pechschwarze Brille trug und angezogen war wie zum Kirchgang – weißer Anzug, weißes Hemd, schwarze Krawatte, schwarze Schuhe.

Ohne zu mir herzuschauen, und obwohl ich noch ein gutes Stück entfernt war, rief er: ›Mein Name ist George Schmidt.‹

Ich sagte: ›Guten Tag, Sir.‹

Er sagte: ›Ist es *Tag*?‹

›Kurz nach drei Uhr nachmittags.‹

›Dann stehe ich hier schon seit zwei Stunden oder länger. Könnten Sie mir bitte sagen, wo ich bin?‹

›In der Mojave-Wüste. Etwa achtzehn Meilen westlich von Needles.‹

›Also so was‹, sagte er. ›Einen siebzigjährigen blinden Mann in der Wüste auszusetzen. Mit zehn Dollar in der Tasche und nur dem, was ich am Leib trage. Frauen sind wie Fliegen: Sie lassen sich auf Zucker wie auf Scheiße nieder. Ich will nicht behaupten, dass ich Zucker bin, aber jetzt hat sie sich eindeutig für Scheiße entschieden. Mein Name ist George Schmidt.‹

Ich sagte: ›Ja, Sir, das sagten Sie bereits. Ich bin George Whitelaw.‹ Er erkundigte sich, wo ich hinwollte, was ich vorhatte, und als ich sagte, dass ich per Anhalter unterwegs nach New York sei, fragte er mich, ob ich seine Hand halten und ihn ein Stück mitnehmen würde, vielleicht bis wir eine Mitfahrgelegenheit bekamen. Ich vergaß zu erwähnen, dass er einen deutschen Akzent hatte und ungewöhnlich korpulent war, geradezu fett; er sah aus, als hätte er sein Leben lang in der Hängematte gelegen. Aber als ich seine Hand nahm, spürte ich, wie zupackend sie war, welch ungeheure Kraft darin lag. Ich hätte diese Hände nicht um meinen Hals haben mögen. Er sagte: ›Ja, ich habe kräftige Hände. Ich habe fünfzig Jahre als Masseur gearbeitet, die letzten zwölf in Palm Springs. Haben Sie Wasser?‹ Ich gab ihm meine Feldflasche, die noch halb voll war. Und er sagte: ›Sie hat mich hier ohne einen Tropfen Wasser stehen lassen. Das Ganze hat mich völlig überrumpelt. Obwohl es mich eigentlich nicht hätte überraschen dürfen, wenn man Ivory so gut kennt wie ich. Schließlich ist sie meine Frau. Früher hieß sie Ivory Hunter. War Stripperin; sie ist 1932 auf der Weltausstellung in Chicago aufgetreten, und sie wäre ein Star geworden, wenn diese Sally Rand nicht gewesen wäre. Ivory erfand nämlich den Fächertanz, aber diese Rand hat ihr die Idee geklaut. Sagt Ivory. Wahrscheinlich auch wieder nur so ein Scheiß von ihr Achtung, Klapperschlange! Sie muss irgendwo da drüben sein, ich kann deutlich das Rasseln hören. Ich fürchte mich nur vor zwei Dingen. Vor Schlangen und vor Frauen. Die haben eine Menge gemeinsam. Das eine, was sie gemeinsam haben, ist: Gefährlich sind beide bis zuletzt.‹

Ein paar Autos kamen vorbei, und ich hielt den Daumen hoch, und der alte Mann versuchte sie mit seinem Stock anzuhalten, aber wir gaben wohl ein zu merkwürdiges Paar ab – ein verdreckter junger Bursche in Jeans und ein blinder fetter Mann im Sonntagsstaat. Ich glaube, wir würden heute noch dort stehen, wenn der Fernfahrer nicht gewesen wäre. Ein Mexikaner. Er parkte am Straßenrand und wechselte einen Reifen. Er sprach vielleicht fünf Wörter Englisch, alles unanständige Ausdrücke, aber ich konnte noch ziemlich viel Spanisch von dem Sommer bei Onkel Alvin in Kuba. Der Mexikaner sagte mir, er sei auf dem Weg nach El Paso, und wenn das unsere Richtung sei, seien wir an Bord willkommen.

Aber Mr. Schmidt war nicht gerade scharf darauf. Ich musste ihn praktisch ins Fahrerhaus schleifen. ›Ich hasse Mexikaner. Bin noch nie einem Mexikaner begegnet, der mir sympathisch war. Wenn der Mexikaner da nicht gewesen wäre … Er gerade mal neunzehn und Ivory meiner Schätzung nach, so wie sich ihre Haut anfühlt, eine Frau weit über sechzig. Als ich sie vor ein paar Jahren geheiratet habe, sagte sie, sie sei zweiundfünfzig. Sehen Sie, ich lebte damals in einer Wohnwagensiedlung draußen an der Route 111. In einer dieser Wohnwagensiedlungen zwischen Palm Springs und Cathedral City. Cathedral City! Hört sich nach einer Stadt mit Kathedrale an, dabei ist es nichts weiter als ein elendes Nest aus Bumslokalen und Billardsalons und Schwulenbars. Das Einzige, was sich darüber sagen lässt, ist, dass Bing Crosby dort wohnt. Sofern das etwas zu besagen hat. Jedenfalls, in dem Wohnwagen gleich neben mir wohnt meine Freundin Hulga. Seit dem Tod meiner Frau – sie starb am selben Tag wie Hitler – hatte mich Hulga immer zur Arbeit gefahren; sie arbeitet als Kellnerin in dem jüdischen Club, wo ich der Masseur bin. Alle Kellner und Kellnerinnen im Club sind große blonde Deutsche. Die Juden mögen so was; die halten die Bedienungen schwer auf Trab. Und eines Tages erzählt mir Hulga, dass sie eine Kusine hat, die zu Besuch kommt. Ivory Hunter. Ihren richtigen Namen habe ich vergessen, er stand auf der Heiratsurkunde, aber ich habe ihn vergessen. Sie hatte schon an die drei Ehemänner vorher; wahrscheinlich wusste sie selbst nicht mehr, unter welchem Namen sie geboren war. Jedenfalls erzählt mir Hulga, dass diese Kusine von ihr, diese Ivory, früher eine berühmte Tänzerin war, aber dass sie gerade aus dem Krankenhaus kommt und ihren letzten Mann verloren hat, weil sie ein ganzes Jahr mit Tbc im Krankenhaus war. Darum hatte Hulga sie nach Palm Springs eingeladen. Wegen der Luft. Und weil sie sonst nirgendwo hingehen konnte. Am ersten Abend, als sie da war, lud mich Hulga zu sich ein, und mir gefiel ihre Kusine auf Anhieb; wir haben nicht viel geredet, hauptsächlich Radio gehört, aber Ivory gefiel mir. Sie hatte eine richtig nette Stimme, sehr bedächtig und sanft, sie klang so, wie Krankenschwestern klingen sollten; sie sagte, dass sie weder rauche noch trinke und Mitglied der Gemeinde Gottes sei, genau wie ich. Von da an war ich fast jeden Abend drüben bei Hulga.›«

George zündete sich eine Zigarette an, und seine Frau schenkte ihm Pfefferwodka nach. Zu ihrer Überraschung goss sie auch sich selbst einen ein. Mehrere Dinge an der Geschichte ihres Mannes hatten ihre allgegenwärtige, aber gewöhnlich durch Libridum gedämpfte Besorgnis gesteigert; sie konnte sich nicht vorstellen, wohin seine Reminiszenzen führten, aber sie wusste, dass sie auf etwas hinausliefen, denn George redete selten nur so daher. Er hatte das Jurastudium in Yale als Drittbester seines Jahrgangs abgeschlossen, nie als Anwalt praktiziert, sondern anschließend die Harvard Business School als Bester seines Jahrgangs absolviert; in den zurückliegenden zehn Jahren hatte man ihm ein Ministeramt in Washington angeboten sowie den Botschafterposten in England oder Frankreich oder wo immer er wollte. Was sie jedoch das Bedürfnis nach rotem Wodka verspüren ließ, funkelnd wie ein Rubin im Schein des Feuers, war die beunruhigende Art und Weise, wie George Whitelaw zu Mr. Schmidt geworden war. Ihr Mann war ein hervorragender Imitator; er konnte gewisse Freunde von ihnen mit aufreizender Treffsicherheit nachahmen. Doch in diesem Fall war es kein beiläufiges Imitieren; er schien wie in Trance zu sein, ein Mann, der im Kopf eines anderen gefangen war.

»›Ich hatte einen alten Chevy, den niemand mehr gefahren hatte, seit meine Frau tot war. Aber Ivory ließ ihn herrichten, und schon bald war es nicht Hulga, die mich zur Arbeit fuhr und nach Hause brachte, sondern Ivory. Rückblickend ist mir klar, dass das Ganze ein Komplott zwischen Hulga und Ivory war, aber damals reimte ich mir das nicht zusammen. Jeder im Wohnwagenpark und jeder, der sie kennenlernte, alle sagten, was für eine reizende Frau sie sei, große blaue Augen und hübsche Beine. Ich dachte, es sei schlichte Gutherzigkeit, die Gemeinde Gottes – ich dachte, das sei der Grund, warum sie ihre Abende damit verbrachte, für einen blinden Mann zu kochen und ihm den Haushalt zu führen. Eines Abends hörten wir uns im Radio die Hitparade an, und da küsste sie mich und fuhr mit der Hand über mein Bein. Schon bald trieben wir es zweimal am Tag miteinander – einmal vor dem Frühstück und einmal nach dem Abendessen, und ich ein Mann von neunundsechzig! Aber sie schien genauso verrückt auf meinen Schwanz zu sein wie ich auf ihre Fotze ...‹«

Sie kippte ihren Wodka ins Kaminfeuer, was die Flammen zischen und auflodern ließ; aber es war ein müßiger Protest: Mr. Schmidt ließ sich keine Vorwürfe machen.

»›O ja, Ivory war von A bis Z eine Fotze. Und zwar in jeder Hinsicht. Es war exakt ein Monat von dem Tag, an dem ich sie kennenlernte, bis zu dem Tag, an dem ich sie heiratete. Sie war nicht viel anders als vorher, sie bekochte mich gut, sie erkundigte sich immer, was bei den Juden im Club los war, und ich war derjenige, der den Sex reduzierte – *stark* reduzierte, bei meinem Blutdruck und allem. Aber sie hat sich nie beschwert. Wir lasen zusammen die Bibel, und Abend für Abend las sie mir aus Zeitschriften vor, guten Zeitschriften wie *Reader's Digest* und der *Saturday Evening Post*, bis ich einschlief. Sie sagte immer, sie hoffe, dass sie vor mir sterben werde, denn sonst wäre sie untröstlich und mittellos. Es stimmte, ich hatte nicht viel zu vererben. Keine Lebensversicherung, nur ein paar Ersparnisse auf der Bank, die ich auf ein gemeinsames Konto übertrug, und ich ließ den Wohnwagen auf sie überschreiben. Nein, ich kann nicht sagen, dass es zwischen uns ein böses Wort gegeben hätte, bis sie dann den großen Krach mit Hulga hatte.

Ich wusste lange nicht, worum es bei dem Streit ging. Ich wusste nur, dass sie nicht mehr miteinander sprachen, und als ich Ivory fragte, was los ist, sagte sie: ‚Nichts.' Soweit es sie betraf, war zwischen ihr und Hulga nichts vorgefallen: ‚Aber du weißt ja, wie viel sie trinkt.' Das stimmte. Nun, wie gesagt, Hulga war Kellnerin in dem Club, und eines Tages kommt sie in den Massageraum gestürmt. Ich hatte einen Kunden auf dem Tisch, hatte ihn dort splitterfasernackt liegen, aber das war ihr egal – sie roch wie eine Schnapsbrennerei. Sie konnte kaum mehr stehen. Sie sagte, sie sei gerade gefeuert worden, und plötzlich fängt sie an zu fluchen und pinkeln. Schreit mich an und pinkelt den ganzen Boden voll. Sie sagte, alle im Wohnwagenpark würden über sie lachen. Sie sagte, Ivory sei eine alte Nutte, die sich mir an den Hals geworfen hat, weil sie erledigt war und nichts Besseres finden konnte. Und sie sagte, was für ein Riesentrottel ich sei. Ob ich nicht wisse, dass meine Frau, seit weiß Gott wann, Freddy Feo dumm und dusslig fickt?

Sehen Sie, Freddy Feo war ein herumstreunender junger Mexikaner aus Texas – kam gerade irgendwo aus dem Gefängnis, und der Verwalter der Wohnwagensiedlung hatte ihn in einer der Schwulenbars in Cathedral City aufgegabelt und als Mädchen für alles eingestellt. Ich glaube nicht, dass er hundertprozentig schwul war, weil er es vielen von den alten Mädels in der Gegend für Geld besorgte. Eine davon war Hulga. Sie war total verknallt in ihn. An heißen Abenden saßen er und Hulga oft vor ihrem Wohnwagen in der Hollywoodschaukel und tranken Tequila pur, ohne Zitrone oder sonst was, und er spielte Gitarre und sang schmalzige Lieder. Ivory beschrieb mir die Gitarre, sie war grün, und darauf stand sein Name in Strassbuchstaben.

Eins muss ich ihm lassen: Der Kerl konnte singen. Aber Ivory behauptete immer, sie könne ihn nicht ausstehen; sie sagte, er sei ein mieser kleiner Schleimer, der Hulga nur ausnehmen wolle. Ich selbst kann mich nicht entsinnen, mehr als ein paar Worte mit ihm gewechselt zu haben, aber ich mochte ihn nicht wegen der Art, wie er roch. Ich habe eine Nase wie ein Spürhund, und ich konnte ihn aus hundert Meter Entfernung riechen, so viel Brillantine hatte er im Haar, und noch etwas anderes, das Evening in Paris heißt, wie Ivory sagte.

Ivory schwor Stein und Bein, dass es nicht wahr ist. *Sie? Sie* und sich von einem dreckigen Mexikaner wie Freddy Feo anfassen lassen? Sie sagte, bloß weil der Typ Hulga abserviert habe, sei sie jetzt stinksauer und eifersüchtig und denke, er bumse alles von Cathedral City bis Indio. Sie sagte, sie fühle sich beleidigt, dass ich derartigen Lügen Gehör schenke, auch wenn man Hulga eigentlich eher bedauern als schlechtmachen sollte. Und sie zog den Ehering ab, den ich ihr geschenkt hatte – er hatte meiner ersten Frau gehört, aber Ivory sagte, das sei völlig in Ordnung, weil sie wisse, dass ich Hedda geliebt hatte, und das mache das Ganze nur noch schöner –, und gab ihn mir und sagte, wenn ich ihr nicht glaube, da sei der Ring und sie werde den erstbesten Bus nehmen und gehen. Also steckte ich ihn ihr wieder an, und wir knieten uns hin und beteten miteinander.

Ich glaubte ihr; zumindest dachte ich das; aber irgendwie ging es in meinem Kopf immer hin und her – ja, nein, ja, nein. Und Ivory hatte ihre Lockerheit verloren; vorher hatte ihr Körper eine Unbeschwertheit besessen, die genau wie die Unbeschwertheit in ihrer Stimme war. Aber jetzt war alles angespannt – verkrampft wie die Juden im Club, die ständig jammern und schimpfen, weil man ihnen ihre Sorgen nicht wegmassieren kann. Hulga bekam einen Job im Miramar, aber in der Wohnwagensiedlung wandte ich mich immer ab, wenn ich sie kommen roch. Einmal schlich sie sich an und flüsterte: ‚Weißt du eigentlich, dass dein liebes Weib dem Schleimer ein Paar goldene Ohrringe geschenkt hat? Aber sein fester Freund erlaubt ihm nicht, dass er sie trägt.‘ Ich weiß nicht. Ivory betete jeden Abend mit mir, der Herr möge uns lange zusammenlassen, gesund an Geist und Körper. Aber mir fiel auf … Nun, an den warmen Sommerabenden, wenn Freddy Feo irgendwo draußen in der Dunkelheit sang und seine Gitarre spielte, machte sie das Radio mitten im Stück von Bob Hope oder Edgar Bergen oder sonst wem aus und ging raus und hörte zu. Sie sagte, sie betrachte die Sterne: ‚Ich möchte wetten, dass es keinen Ort auf der Welt gibt, wo man die Sterne so gut sehen kann wie hier.‘ Aber plötzlich stellte sich heraus, dass sie Cathedral City und Palm Springs nicht ausstehen kann. Die ganze Wüste, die Sandstürme, die Sommer mit über fünfzig Grad und nichts mit seiner Zeit anfangen können, sofern man nicht reich und im Golfclub ist. Das verkündete sie eines Morgens aus heiterem Himmel. Sie sagte, wir sollten den Wohnwagen nehmen und ihn irgendwo hinbringen, wo es kühler ist. Wisconsin. Michigan. Mir gefiel die Idee; damit erledigten sich meine Vermutungen, dass zwischen ihr und Freddy Feo etwas lief.

Nun, ich hatte im Club einen Kunden, einen Mann aus Detroit, und der sagte, er könnte mir vielleicht eine Stelle als Masseur im Athletic Club in Detroit besorgen; nichts Definitives, nur vielleicht so eine Möglichkeit. Aber das genügte Ivory. In null Komma nichts hat sie den Wohnwagen fertig, den Kram von fünfzehn Jahren weggeworfen, den Chevy fahrbereit und unsere sämtlichen Ersparnisse in Reiseschecks umgetauscht. Gestern Abend hat sie mich von Kopf bis Fuß geschrubbt und mir die Haare gewaschen, und heute Morgen sind wir kurz nach Tagesanbruch losgefahren.

Ich merkte, dass etwas nicht stimmte, und ich hätte auch gewusst, was, wenn ich nicht eingeschlafen wäre, kaum dass wir den Highway erreicht hatten. Sie muss mir Schlaftabletten in den Kaffee getan haben.

Aber als ich aufwachte, da roch ich ihn. Die Brillantine und das billige Parfüm. Er hatte sich im Wohnwagen versteckt. Hatte sich dort irgendwo zusammengerollt wie eine Schlange. Und ich dachte: Ivory und der Kerl werden mich umbringen und mich den Geiern überlassen. Sie sagte: ‚Du bist ja wach, George.' An ihrem Ton, der leicht ängstlich war, merkte ich, dass sie wusste, was in meinem Kopf vorging. Dass ich alles erraten hatte. Ich sagte zu ihr, sie solle *sofort* anhalten. Sie wollte wissen, warum. Weil ich pinkeln müsse. Sie hielt an, und ich hörte, dass sie weinte. Als ich ausstieg, sagte sie: ‚Du warst immer gut zu mir, George, aber ich wusste nicht, was ich sonst tun soll. Und du hast deinen Beruf. Für dich wird es immer irgendwo einen Platz geben.'

Ich bin ausgestiegen und tatsächlich pinkeln gegangen, und während ich dastehe, lässt sie den Motor an und fährt weg. Ich wusste nicht einmal, wo ich bin, bevor Sie kamen, Mister …?‹

›George Whitelaw.‹ Und ich sagte: ›Mein Gott, das ist ja reinster Mord. Einen blinden Mann hilflos mitten in der Wildnis zurückzulassen. Wenn wir in El Paso sind, gehen wir zur Polizei.‹

Er sagte: ›Ach, was. Sie hat schon genug Probleme, auch ohne die Bullen. Sie hat sich für Scheiße entschieden – soll sie sie haben.

Ivory ist sowieso im Nirgendwo. Außerdem liebe ich sie. Eine Frau kann einem so was antun, und man liebt sie trotzdem.‹«

George schenkte sich Wodka nach; sie legte einen Holzscheit auf, und das jähe Auflodern des Feuers war nur wenig heller als die zornige Röte, die plötzlich ihre Wangen überzog.

»Du meinst, *Frauen* können das«, sagte sie in aggressivem, herausforderndem Ton. »Nur eine Verrückte ... Oder glaubst du, dass ich so etwas tun könnte?«

Der Ausdruck in seinen Augen, eine Art visuelles Schweigen, schockierte sie und ließ sie den Blick abwenden, ihre Frage zurückziehen. »Und, was ist aus ihm geworden?«

»Aus Mr. Schmidt?«

»Aus Mr. Schmidt.«

Er zuckte die Schultern. »Das Letzte, was ich von ihm sah, war, wie er in einem Schnellimbiss ein Glas Milch trank, in einer Fernfahrerkneipe außerhalb von El Paso. Ich hatte Glück; ich wurde von einem Laster bis nach Newark mitgenommen. Ich hatte den Mann fast vergessen. Aber seit einigen Monaten stelle ich fest, dass ich immer wieder an Ivory Hunter und George Schmidt denke. Es muss am Alter liegen; ich fange an, mich alt zu fühlen.«

Sie kniete wieder neben ihm nieder; sie hielt seine Hand, verflocht ihre Finger mit seinen. »Mit zweiundfünfzig? Da fühlst *du* dich *alt*?«

Er wurde abwesend; als er sprach, war es das verwunderte Gemurmel eines Mannes, der zu sich selbst spricht. »Ich hatte immer so viel Selbstvertrauen. Wenn ich durch die Straßen ging, fühlte ich so viel *Schwung*. Ich konnte spüren, dass mich die Leute ansahen – auf der Straße, im Restaurant, auf Partys –, mich beneideten, sich fragten, wer das ist. Jedes Mal wenn ich auf eine Party ging, wusste ich, dass ich die Hälfte der Frauen im Raum haben konnte, wenn ich wollte. Aber das ist alles vorbei. Es ist, als wäre der alte George Whitelaw unsichtbar geworden. Kein Kopf dreht sich mehr nach mir um. Letzte Woche habe ich zweimal bei Mimi Stewart angerufen, und sie hat nie zurückgerufen. Ich habe es dir nicht erzählt, aber ich habe gestern bei Buddy Wilson vorbeigeschaut, er gab eine kleine Cocktailparty. Es waren bestimmt zwanzig recht attraktive Frauen da, aber für alle war ich Luft; für sie war ich ein müder alter Mann, der zu viel lächelt.«

Sie sagte: »Aber ich dachte, du bist noch mit Christine zusammen.«

»Ich verrate dir ein Geheimnis. Christine ist mit dem jungen Rutherford aus Philadelphia verlobt. Ich habe sie seit November nicht mehr gesehen. Er ist okay für sie; sie ist glücklich, und ich freue mich für sie.«

»Christine? Welcher von den Rutherfords? Kenyon oder Paul?«

»Der ältere.«

»Also Kenyon. Das hast du gewusst und mir nichts davon gesagt?«

»Es gibt so viel, was ich dir nicht gesagt habe, meine Liebe.«

Doch das stimmte nicht ganz. Denn als sie aufgehört hatten, miteinander zu schlafen, hatten sie begonnen, miteinander über seine Affären zu sprechen – bei ihnen sogar zu kollaborieren. Alice Kent: fünf Monate; beendet, weil sie verlangte, dass er sich scheiden ließ und sie heiratete. Sister Jones: abgebrochen nach einem Jahr, als ihr Mann dahinterkam. Pat Simpson: ein *Vogue*-Modell, das nach Hollywood gegangen war, versprochen hatte zurückzukommen und nie mehr auftauchte. Adele O'Hara: bildschön, eine Alkoholikerin, die unglaubliche Szenen machen konnte; in diesem Fall hatte er selbst Schluss gemacht. Mary Campbell, Mary Chester, Jane Vere-Jones. Andere. Und nun Christine.

Einige hatte er entdeckt; die meisten aber waren »Romanzen«, die sie selbst eingefädelt hatte, Bekannte, die sie ihm vorgestellt hatte, enge Freundinnen, bei denen sie sich darauf verlassen konnte, dass sie ihm ein Ventil boten, ohne jedoch gewisse Grenzen zu überschreiten.

»Tja«, seufzte sie. »Ich glaube, wir können Christine keinen Vorwurf machen. Kenyon Rutherford ist ein ziemlich guter Fang.« Doch ihre Gedanken überschlugen sich, suchend wie die Flammen, die zwischen den Holzscheiten züngelten: ein Name, um die Leere zu füllen. Alice Combs: verfügbar, aber zu fad. Charlotte Finch: zu reich, und George fühlte sich kastriert durch Frauen – oder Männer, was das anbelangte –, die reicher waren als er. Oder diese Ellison? Die distinguierte Mrs. Harold Ellison, die gerade wegen einer schnellen Scheidung in Haiti war …

Er sagte: »Hör auf, die Stirn zu runzeln.«

»Tu ich doch gar nicht.«

»Das bedeutet nur mehr Silikon, mehr Rechnungen von Orentreich. Ich möchte lieber die menschlichen Fältchen sehen. Es kommt nicht darauf an, wessen Schuld es ist. Wir alle lassen einander gelegentlich in der Wüste stehen, ohne je zu wissen, warum.«

Ein Echo, hallende Höhlen: Jaime Sanchez und Carlos und Angelita; Hulga und Freddy Feo und Ivory Hunter und Mr. Schmidt; Dr. Bentsen und George, George und sie selbst, Dr. Bentsen und Mary Rinelander …

Er drückte leicht ihre ineinander verflochtenen Finger, legte die andere Hand unter ihr Kinn und zwang sie, ihm in die Augen zu sehen. Er hob ihre Hand an die Lippen und küsste die Innenfläche.

»Ich liebe dich, Sarah.«

»Ich liebe dich auch.«

Aber die Berührung seiner Lippen, die darin enthaltene Bedrohung, ließ sie erstarren. Unten konnte sie Silber auf einem Tablett klirren hören: Anna und Margaret kamen mit dem Abendimbiss die Treppe herauf.

»Ich liebe dich auch«, sagte sie noch einmal mit vorgetäuschter Schläfrigkeit, und mit gespielter Mattigkeit ging sie die Vorhänge zuziehen. Zugezogen verbarg die schwere Seide den nächtlichen Fluss und die erleuchteten Boote darauf, so schneeverhangen, dass sie so zart waren wie die Zeichnung einer Winternacht auf einem japanischen Rollbild.

»George?« Eine dringende Bitte, bevor die irischen Mädchen mit den Tabletts kamen, auf denen sie geschickt ihre Gaben balancierten: »*Bitte,* Liebling. Uns fällt bestimmt jemand ein.«

YACHTEN UND DERGLEICHEN

Einmal mietete ein italienischer Freund eine große und ungeheuer elegante Segelyacht und lud mich ein, mit ihm und seiner Familie eine dreiwöchige Kreuzfahrt durch die griechische Inselwelt und entlang der Südküste der Türkei, Anatolien, zu machen. Abgesehen von der Familie und mir selbst war der einzige weitere Gast eine distinguierte, ziemlich intellektuelle Frau, die ich Mrs. Williams nennen werde. Ein weiterer Gast hätte Adlai Stevenson sein sollen; zu unserem Leidwesen war er nur eine Woche vor dem geplanten Beginn der Kreuzfahrt gestorben.

Am Tag der Abreise trafen Mrs. Williams und ich in Piräus ein, wo die Yacht, *Die Hexe*, vertäut lag. Sie war weiß, hatte goldene Zierstreifen und glänzende Mahagonidecks: wunderschön. Außer dem Kapitän gab es einen italienischen Koch und eine zehnköpfige Besatzung. Als wir an Bord gingen, gefolgt von Matrosen, die ihr eigenes Gepäck trugen, wurden wir an Deck vom salutierenden Kapitän in einer feschen, maßgeschneiderten weißen Uniform empfangen. Er war ein gut aussehender Mann, doch sein von Wind und Wetter gegerbtes Gesicht war ernst, denn er hatte etwas Ernstes mitzuteilen. In der Familie unseres Gastgebers hatte es leider einen unerwarteten Todesfall gegeben, und die Familie war in Trauer; es tat unserem Gastgeber aufrichtig leid, dass er uns nicht früher hatte informieren können.

»O je«, seufzte Mrs. Williams. »Erst Adlai. Und nun das. Vielleicht sollte man das Schiff in *Die Verhexte* umtaufen.«

Auch mir wurde schwer ums Herz, denn natürlich gingen wir davon aus, dass die Kreuzfahrt abgesagt worden war. Doch weit gefehlt! Der Kapitän hatte Anweisung, die Kreuzfahrt wie geplant durchzuführen.

»Also das«, sagte Mrs. Williams, »nenne ich wahre Klasse.«

So sehr wir die Abwesenheit unserer italienischen Begleiter auch bedauerten, war es doch ein berauschendes, erhebendes Gefühl, eine ganze Yacht zu unserer Verfügung zu haben. Eine Stunde später glitten wir bereits durch die in der Sonne glitzernde Ägäis.

Als es dunkel zu werden begann und als die Sichel des zunehmenden Mondes, noch dünn wie die Schale einer Zitronenscheibe, aufging, sichteten wir die steile dunkelblaue Silhouette von Spetsopoula, der Privatinsel des griechischen Großreeders Stavros Niarchos, wo wir, wie verabredet, unsere erste Nacht an Land verbringen sollten. Die lebhafte und einfühlsame Mme Niarchos, Eugenie, erwartete uns am Hafen, und in winzigen Jeeps wurden wir zum Haupthaus gefahren, das auf einer Klippe liegt und rundum Aussicht auf das Meer und einsame weiße Inseln in der Ferne bietet.

Die Insel, von Natur aus trocken und unfruchtbar, wird per Tanker mit Wasser versorgt; sie wurde in einen Ort so blühend und grün wie ein Rousseau'scher Wald verwandelt. Tausende von Fasanen, gezüchtet für herbstliche Jagdpartien, rascheln im Laub, und die

Augen von Rotwild, Hunderte von Tieren, tauchen zwischen den Bäumen auf. Nachtigallen singen.

Umsorgt von Dienern, die weiße Handschuhe und formelle Livreen trugen, speisten wir auf einer Terrasse, die von unzähligen brennenden Windlichtern erhellt wurde. Ein himmelweiter Unterschied zu der staubigen Hitze Athens und dem bäuerlich-pittoresken, von der Fischerei bestimmten Leben der meisten griechischen Inseln – diesen zerklüfteten Steingebilden, die aussehen, als wären Teile von Arizona in der Ägäis abgeworfen worden. Das Ganze war etwas artifiziell, sogar unheimlich, aber nichtsdestoweniger ein Kunstwerk, eine gezähmte und mit einzigartigem Feingefühl neu gestaltete Natur.

»Wir haben großes Glück«, bemerkte Mme Niarchos. »Im Allgemeinen ist es abends zu windig, um im Freien zu speisen.«

Später saßen wir entspannt unter den Sternen und plauderten und tranken Champagner, bis mir die Augen, ermattet von der Sonne und dem Wasser und Wein und all der Pracht, die sie gesehen hatten, zufielen.

Am nächsten Morgen entließ uns Eugenie, am Kai stehend, mit einem Lächeln und mit dem Taschentuch winkend –, der Abschied wäre um vieles wehmütiger gewesen, wenn wir gewusst hätten, dass wir Eugenie nie wiedersehen sollten – sie starb nur wenige Jahre später, unter nie ganz geklärten Umständen, auf Spetsopoula und wurde dort begraben.

Der August ist einer der Monate, in denen der Meltemi weht, ein rauer Wind, der aufgewirbelten Sand aus fernen Wüsten mit sich trägt. Er bläst so heftig, dass wir gelegentlich in geschützten Buchten Zuflucht suchen mussten. Doch meistens waren die Tage ruhig und vergingen in einem azurnen Dunst aus kristallklarem Wasser und Spaghetti und frischgefangenem Fisch und kaltem Wein und erquickenden traumlosen nachmittäglichen Siestas. Oft machten wir Halt, um weit draußen im Tiefen zu schwimmen; manchmal fuhren wir, wenn wir einsame Strände entdeckten, so sauber wie das Innere von Muschelschalen, mit dem Schnellboot hinüber und picknickten dort.

Als wir die Ägäis verließen und in türkische

Gewässer glitten, begann uns ein Tümmler zu folgen. Die Matrosen liebten ihn, so wie wir alle; er blieb mehr als zwei Tage bei uns, ein zutrauliches, verspieltes Tier – sprang frei aus dem Wasser heraus und tanzte auf der Schwanzflosse, wobei sich sein glänzender massiger Körper hin und her wand wie ein Hula-Tänzer. Manchmal tauchte er unter dem Boot durch und kam auf der anderen Seite wieder hoch, flitzte herum und »lachte« uns an. Es war ein großer Verlust, als er umkehrte und wieder seinen heimatlichen Gefilden zustrebte.

Mrs. Williams und ich kamen blendend miteinander aus und wurden Freunde fürs Leben. Nur in einem Punkt waren wir uns nicht einig. Sie hatte als Vorbereitung auf unsere Kreuzfahrt eine beachtliche Anzahl von Büchern gelesen und war, trotz der türkischen Augusthitze an Land, unermüdlich, geradezu fanatisch darauf bedacht, alles zu besichtigen. Ich *hasse* Besichtigungen; ein Haufen alter Steine ist für mich nichts weiter als ein Haufen alter Steine – vermutlich bin ich einer der wenigen Menschen, die Athen nicht ein Mal, sondern mehrmals besucht haben und noch kein einziges Mal auch nur in die Nähe des Parthenon gekommen sind. Wenn sich also meine Gefährtin in das brütend heiße türkische Landesinnere aufmachte, um eine zerfallende Moschee oder eine Ansammlung alter Gräber zu inspizieren, weigerte ich mich schlicht, sie zu begleiten. Stattdessen ging ich schwimmen, legte mich in die Sonne, ging wieder schwimmen, angelte, las, aß köstliche Häppchen, die der fröhliche Koch zubereitet hatte, hielt mein Tagebuch auf dem neuesten Stand, ging wieder schwimmen und war daher frisch wie der junge Morgen, wenn Mrs. Williams, schweißgebadet und mit einem kleinen Sonnenstich, von ihren kulturellen Exkursionen zurückkehrte.

Eines Abends gingen wir nicht weit von einem geschwungenen, buchtartigen Strand entfernt vor Anker, wo sich uns ein interessantes Schauspiel bot. Ein Dutzend oder mehr arabisch anmutender Zelte war dort aufgestellt, man hörte Musik, Flöten und Trommeln und Singen, Kinder und Erwachsene tanzten im Sand, in großen Töpfen köchelte Essen, und überall wanderten Kamele umher. Zusammen mit mehreren Mitgliedern unserer Besatzung ruderten Mrs. Williams und ich hinüber, um das Treiben näher zu erkunden.

Als wir ankamen, wurden wir von den Türken, die alle, zumindest die Männer, rote oder safrangelbe Turbane trugen, herzlich begrüßt. Sie boten uns heißen Pfefferminztee und Haschisch an. Obwohl keiner von ihnen Englisch oder Griechisch oder Italienisch sprach, konnten wir erraten, dass es sich um eine Familienfeier ganz besonderer Art handelte und dass alle Anwesenden miteinander verwandt waren.

Der Älteste unter ihnen, der graubärtige, von der Sonne zerknitterte Patriarch der Familie, gab uns zu verstehen, dass er *Die Hexe* gerne besichtigen würde. Er tat dies, indem er auf seine Augen und dann auf das Boot deutete. Also ruderten wir ihn hinüber. Daraufhin erhob sich großes Geschrei: *Alle* wollten unser Boot besichtigen. Natürlich war das unmöglich; doch die Matrosen, vom Haschisch berauscht, schafften es durch Hin- und Herrudern, etwa fünfundzwanzig Personen der Gruppe an Bord zu bringen. Sie blieben bis zum Morgengrauen, rauchten Haschisch und tanzten höchst eigenartig zur Musik amerikanischer Schallplatten. Was für eine Nacht!

Der Kapitän war zunächst fuchsteufelswild; er wollte nicht, dass diese »dreckigen« Türken, diese obskuren Ausländer, auf seinem Boot herumhüpften und es verwüsteten. Aber nachdem ich ihn mit Whisky traktiert und überredet hatte, das Haschisch zu probieren, war er bereit, ihnen das Boot zu überlassen.

Ich hatte davor noch nie Haschisch geraucht; so wenig wie Mrs. Williams. Die Wirkung war entsprechend umwerfend. Irgendwann streckten wir uns auf dem Deck aus, hauptsächlich deshalb, weil wir nicht mehr stehen konnten. Während wir die Sterne betrachteten, die sich am Himmel drehten, merkten wir, dass sich auch in unseren Köpfen alles drehte.

»Wunderbar«, sagte Mrs. Williams kichernd. »Alles scheint so komisch zu sein. So furchtbar lustig. Lassen Sie uns tanzen.«

Aber das konnten wir nicht, denn wir konnten nicht aufstehen.

Und so blieben wir liegen, hielten einander im Arm, kicherten und lachten, bis Mrs. Williams zu schnarchen begann und ich bald darauf selbst eingeschlafen war. Als wir am nächsten Morgen erwachten, waren unsere türkischen Gäste längst gegangen, und das Boot glitt ruhig durch das Wasser. Mrs. Williams und ich lagen noch immer in Wolldecken gehüllt auf dem Deck.

»Ich muss Ihnen sagen«, meinte sie gähnend, »ich glaube, ich habe noch nie so viel Spaß gehabt. Und ich habe weder einen Kater noch sonstige Nachwirkungen. Mir tut nur leid, dass Adlai nicht dabei sein konnte.«

»Das macht ja auch hundertmal mehr Spaß, als in der Hitze rumzustiefeln und zu schwitzen wie ein Affe, bloß um sich einen Haufen alter Steine anzuschauen.«

»Ohne die alten Steine hätte ich diese Reise gar nicht mitgemacht. Ich hätte ein viel zu schlechtes Gewissen gehabt.«

»Klar, man muss ja immer etwas für seine Bildung tun.«

»Sie sind ein solcher Hedonist. Nicht auszuhalten.«

Einen Tag später tauchte unser Tümmler wieder auf; er spielte mit uns, schwamm vor uns her, leistete uns Gesellschaft, bis wir wieder die Ägäis erreichten, wo er, als loyaler türkischer Tümmler, zurückblieb. Ich sagte zu Mrs. Williams: »Noch so ein Hedonist.« Und sie sagte: »Was sagten Sie?« Und ich sagte: »Nichts.« Und sie sagte: »Ach, ich dachte, Sie hätten etwas gesagt.« Und ich sagte: »Das muss der Wind gewesen sein.«

DIE WÄNDE SIND KALT

»... und Grant sagte einfach, dann kommt doch mit auf eine tolle Party, tja, und das war auch schon alles. Wirklich, ich finde, es war einfach genial, sie aufzugabeln, bei Gott, vielleicht bringen sie ja ein bisschen Leben in die Bude.« Das Mädchen, das sprach, schnippte Zigarettenasche auf den Perserteppich und sah die Gastgeberin leicht zerknirscht an.

Die Gastgeberin zog ihr adrettes schwarzes Kleid zurecht und schürzte nervös die Lippen. Sie war sehr jung und klein und makellos. Ihr Gesicht war blass und von glatten schwarzen Haaren umrahmt, und ihr Lippenstift war eine Spur zu dunkel. Es war schon nach zwei, und sie war müde und wünschte, alle würden gehen, aber es war gar nicht so einfach, an die dreißig Leute loszuwerden, besonders, da die meisten den Scotch ihres Vaters intus hatten.

Der Fahrstuhlführer war schon zweimal oben gewesen, um sich über den Lärm zu beschweren; also mixte sie ihm einen Highball, weil es ihm ohnehin nur darum geht. Und jetzt auch noch Matrosen … ach, zum Teufel damit.

»Ist schon gut, Mildred, wirklich. Auf ein paar Matrosen mehr oder weniger kommt es nicht an. O Gott, hoffentlich machen sie nichts kaputt. Würdest du bitte kurz in die Küche gehen und dich um Eis kümmern? Ich will mal sehen, was ich für deine neuen Freunde tun kann.«

»Wirklich, Schätzchen, ich glaube nicht, dass das nötig ist. Soweit ich weiß, akklimatisieren sie sich sehr schnell.«

Die Gastgeberin ging zu ihren unerwarteten Gästen. Sie standen dicht zusammengedrängt in einer Ecke des Salons, machten große Augen und schienen sich nicht gerade wie zu Hause zu fühlen.

Der Gutaussehendste des Sextetts drehte nervös seine Mütze in der Hand und sagte: »Wir wussten ja nicht, dass es so ’ne Art von Party ist, Miss. Ich meine, Sie wollen uns hier doch gar nicht haben, stimmt’s?«

»Aber natürlich sind Sie willkommen. Warum in aller Welt wären Sie denn hier, wenn ich Sie nicht hier haben wollte?«

Der Matrose war verlegen.

»Das Mädchen da, diese Mildred, und ihr Freund haben uns einfach irgendwo in 'ner Bar aufgegabelt, und wir hatten ja keine Ahnung, dass wir in so 'n Haus wie das da kommen.«

»Das ist doch lächerlich, absolut lächerlich«, sagte die Gastgeberin. »Sie sind aus den Südstaaten, habe ich recht?«

Er klemmte die Mütze unter den Arm und wirkte weniger befangen. »Ich bin aus Mississippi. Ich nehm' nicht an, dass Sie da schon mal waren, Miss, oder?«

Sie blickte hinüber zum Fenster und fuhr sich mit der Zunge über die Lippen. Sie hatte das satt, so furchtbar satt. »O doch«, log sie. »Ein wunderschöner Staat.«

Er grinste. »Dann verwechseln Sie ihn bestimmt mit woanders, Miss. In Mississippi gibt's nicht arg viel zu sehen, außer vielleicht um Natchez rum.«

»Natürlich, Natchez. Ich bin mit einem

Mädchen aus Natchez zur Schule gegangen, Elizabeth Kimberly, kennen Sie sie?«

»Nein, nicht dass ich wüsste.«

Plötzlich merkte sie, dass sie und der Matrose allein waren; seine Kameraden hatten sich alle zum Klavier verzogen, wo Les gerade Cole Porter spielte. Mildred hatte recht mit dem Akklimatisieren.

»Kommen Sie«, sagte sie, »ich mache Ihnen einen Drink. Die anderen finden sich allein zurecht. Ich heiße Louise, also nennen Sie mich bitte nicht Miss.«

»Meine Schwester heißt auch Louise. Ich bin Jake.«

»Wirklich? Wie reizend! Ich meine, so ein Zufall.« Sie strich sich das Haar glatt und lächelte mit den zu dunklen Lippen.

Sie gingen in die Hausbar, und sie wusste, dass der Matrose beobachtete, wie ihr Kleid um ihre Hüften schwang. Sie duckte sich unter der Tür durch hinter die Bar.

»Nun«, sagte sie, »was darf's sein? Verzeihung, wir haben Scotch und Bourbon und Rum; wie wär's mit einem schönen Rum und Cola?«

»Wenn Sie meinen«, sagte er grinsend und ließ seine Hand über die verspiegelte Oberfläche der Theke gleiten, »also eine Wohnung wie die da hab ich noch nie gesehen. Die ist ja genau wie im Film.«

Sie wirbelte geschickt mit einem Rührstäbchen Eiswürfel in einem Glas herum. »Ich kann Sie ja ein wenig herumführen, wenn Sie möchten. Sie ist ziemlich geräumig, für eine Wohnung, meine ich. Wir haben ein Landhaus, das viel, viel größer ist.«

Das war nicht der richtige Ton. Es klang zu dünkelhaft. Sie drehte sich um und stellte die Rumflasche wieder in ihre Nische. Sie konnte im Spiegel sehen, dass er sie anstarrte, vielleicht durch sie hindurchsah.

»Wie alt sind Sie?«, fragte er.

Sie musste einen Moment nachdenken, wirklich nachdenken. Sie log diesbezüglich so konstant, dass sie gelegentlich selbst vergaß, wie alt sie war. Aber spielte es eine Rolle, ob er ihr wahres Alter kannte oder nicht? Also sagte sie es ihm.

»Sechzehn.«

»Süße sechzehn und nie geküsst …?«

Sie lachte, nicht über das Klischee, sondern über ihre Antwort.

»Vergewaltigt, meinen Sie.«

Sie hatte ihm das Gesicht zugewandt und sah, dass er schockiert war und dann amüsiert und dann noch etwas anderes.

»Um Himmels willen, schauen Sie mich nicht so an, ich bin kein schlimmes Mädchen.« Er wurde rot, und sie kroch wieder durch die Tür und nahm seine Hand. »Kommen Sie, ich zeige Ihnen die Wohnung.«

Sie führte ihn einen langen, in regelmäßigen Abständen mit Spiegeln versehenen Korridor hinunter und zeigte ihm Zimmer um Zimmer. Er bewunderte die weichen pastellfarbenen Teppiche und die harmonische Mischung aus modernen und antiken Möbeln.

»Das ist mein Zimmer«, sagte sie und hielt ihm die Tür auf, »entschuldigen Sie die Unordnung, sie stammt nicht nur von mir, die meisten Mädchen haben sich hier zurechtgemacht.«

Da war nichts, was er hätte entschuldigen müssen, im Zimmer herrschte peinliche Ordnung. Das Bett, die Tische, die Lampe waren allesamt weiß, aber die Wände und der Teppich waren in einem dunklen, kalten Grün gehalten.

»Nun, Jake … was meinen Sie, passt es zu mir?«

»So was hab ich noch nie gesehen, meine Schwester würd's mir nicht glauben, wenn ich's ihr erzählen tät … bloß die Wände gefallen mir nicht, wenn Sie verzeihen, dass ich das so sage … Das Grün da … die sehen so kalt aus.«

Das schien sie zu verwirren, und ohne recht zu wissen, warum, streckte sie die Hand aus und berührte die Wand neben ihrer Frisiertoilette.

»Sie haben recht, mit den Wänden, meine ich, sie sind kalt.« Sie blickte zu ihm auf, und einen Moment lang nahm ihr Gesicht einen Ausdruck an, dass er nicht recht wusste, ob sie lachen würde oder weinen.

»So hab ich das nicht gemeint. Ach, zum Teufel, ich weiß ja nicht mal recht, was ich gemeint hab!«

»Wissen Sie es nicht, oder wollen wir nur

euphemistisch sein?« Das rief keine Reaktion hervor, und so setzte sie sich auf die Kante ihres weißen Bettes.

»Bitte«, sagte sie, »setzen Sie sich, und rauchen Sie eine Zigarette, wo ist eigentlich Ihr Drink geblieben?«

Er setzte sich neben sie. »Den hab ich draußen in der Bar gelassen. Ganz schön ruhig hier nach dem Radau da draußen.«

»Wie lange sind Sie schon bei der Marine?«

»Acht Monate.«

»Gefällt es Ihnen?«

»Es geht nicht drum, ob's einem gefällt oder nicht ... Ich hab schon viel gesehen, wo ich sonst nie hingekommen wär.«

»Warum haben Sie sich dann dazu gemeldet?«

»Weil sie mich eingezogen hätten und ich gedacht hab, die Marine ist mehr nach meinem Geschmack.«

»Ist sie es?«

»Na ja, ich sag mal so, das Leben da ist nichts für mich, ich mag's nicht, von andern rumkommandiert zu werden. Sie vielleicht?«

Sie gab keine Antwort, sondern steckte

sich stattdessen eine Zigarette in den Mund. Er hielt ihr ein Streichholz hin, und sie ließ ihre Hand die seine streifen. Seine Hand zitterte, und die Flamme war nicht sehr ruhig. Sie machte einen Lungenzug und sagte: »Sie würden mich gerne küssen, stimmt's?«

Sie beobachtete ihn scharf und sah, wie langsam Röte sein Gesicht überzog.

»Warum tun Sie es dann nicht?«

»Weil Sie kein Mädchen von *der* Sorte sind. Ich hätt Angst, ein Mädchen wie Sie zu küssen, und überhaupt machen Sie sich ja bloß lustig über mich.«

Sie lachte und blies den Rauch in einer Wolke zur Decke. »Hören Sie auf, das klingt ja wie etwas aus einem uralten Melodram. Was ist eigentlich ›ein Mädchen von *der* Sorte‹? War nur so eine Idee. Ob Sie mich küssen oder nicht, hat nicht die geringste Bedeutung. Ich könnte es erklären, aber wozu? Am Ende würden sie mich womöglich noch für eine Nymphomanin halten.«

»Ich weiß ja nicht mal, was das ist.«

»Ach, zum Teufel, genau das meine ich. Sie sind ein Mann, ein richtiger Mann, und ich habe diese verweichlichten Schwächlinge wie Les so satt. Ich wollte einfach mal wissen, wie es wäre, mehr nicht.«

Er beugte sich über sie. »Sie sind schon komisch«, sagte er, und sie lag in seinen Armen. Er küsste sie, und seine Hand glitt ihre Schulter hinab und presste sich auf ihre Brust.

Sie entwand sich und versetzte ihm einen heftigen Stoß, und er fiel der Länge nach auf den kalten, grünen Teppich.

Sie stand auf und sah auf ihn hinunter, und sie starrten sich an. »Sie sind Dreck«, sagte sie. Dann schlug sie ihm in das verdutzte Gesicht.

Sie machte die Tür auf, hielt inne, zog ihr Kleid zurecht und ging zurück zu der Party. Er blieb noch einen Moment auf dem Boden sitzen, stand dann auf und fand den Weg in die Diele, und dann fiel ihm ein, dass er seine Mütze in dem weißen Zimmer vergessen hatte, aber es war ihm egal, er wollte nur noch hier raus.

Die Gastgeberin warf einen Blick in den Salon und bedeutete Mildred, zu ihr zu kommen.

»Um Gottes willen, Mildred, schaff diese Leute hier raus; was glauben diese Matrosen eigentlich, wo sie sind … in der Seemannsmission?«

»Was ist denn los, hat dich der Typ belästigt?«

»Nein, nein, das ist nichts weiter als ein Dorftrottel, der so etwas noch nie gesehen hat, und das ist ihm irgendwie zu Kopf gestiegen. Das Ganze ist nur so furchtbar lästig, und ich habe Kopfschmerzen. Würdest du sie bitte für mich loswerden … und zwar alle?«

Mildred nickte, und die Gastgeberin ging wieder den Korridor hinunter und betrat das Zimmer ihrer Mutter. Sie legte sich auf die Samt-Chaiselongue und starrte auf das abstrakte Picasso-Gemälde. Sie griff nach einem kleinen Spitzenkissen und drückte es sich, so fest sie konnte, auf das Gesicht. Sie würde heute Nacht hier schlafen, hier, wo die Wände blassrosa waren und warm.

WEGE INS PARADIES

An einem Sonnabend im März, einem Tag mit sanften Winden und dahinziehenden Wolken, kaufte Mr. Ivor Belli bei einem Blumenhändler in Brooklyn einen großen Strauß Narzissen und brachte diesen, erst per U-Bahn, dann zu Fuß, auf einen riesigen Friedhof in Queens, eine Stätte, die von ihm nicht mehr aufgesucht worden war, seit man im letzten Herbst seine Frau dort begraben hatte. Gefühlen war es nicht zuzuschreiben, dass er heute hierherkam, denn Mrs. Belli, mit der er siebenundzwanzig Jahre verheiratet gewesen war, in denen sie zwei inzwischen erwachsene und verehelichte Töchter hervorgebracht hatte, war eine Frau mit vielen Charaktereigenschaften gewesen, zumeist unangenehmen: Er hatte kein Verlangen, eine derart anstrengende Bekanntschaft zu erneuern, nicht einmal im Geiste. O nein; aber gerade war ein harter Winter zu Ende gegangen, und er hatte das Bedürfnis nach Bewegung, frischer Luft, einem belebenden Spaziergang bei dem prächtigen, Frühling prophezeienden Wetter; außerdem, quasi als Extrabonus, war es natürlich nett, wenn er seinen Töchtern von einem Besuch am Grab ihrer Mutter berichten konnte, insbesondere deshalb, weil es die ältere vielleicht ein wenig besänftigen würde, die Mr. Belli seine allzu selbstverständliche Akzeptanz des Alleinlebens zu verübeln schien.

Der Friedhof war kein geruhsamer, schöner Ort; in Wahrheit sogar ein verdammt beängstigender: Morgen um Morgen nebelgrauer Steine, die sich über spärliches Gras und ein schattenloses Plateau ergossen. Der ungehinderte Blick auf die Silhouette von Manhattan verlieh dem Gelände die Schönheit einer Theaterkulisse – sie ragte hinter den Gräbern auf wie ein hoher Gedenkstein zu Ehren der stillen Leutchen hier, der aufgebrauchten und abgelegten früheren Bewohner der Stadt: Das Nebeneinander der Szenerie entlockte Mr. Belli, der von Beruf Steuerberater war und Ironie, auch sadistischer Art, daher zu würdigen wusste, ein Lächeln, ja sogar ein Glucksen – aber, Herrgott nochmal, die Schlussfolgerungen daraus ließen ihn auch frösteln, nahmen den federnden Schritten, die ihn über die strengen, kiesbestreuten Wege des Friedhofs trugen, ihren Schwung. Er ging langsamer, bis er zum Stehen kam, und dachte: »Ich hätte mit Morty in den Zoo gehen sollen.« Morty war sein Enkel und drei Jahre alt. Aber umzukehren wäre ungehörig, nachtragend; und wozu einen Strauß vergeuden? Die Mischung aus Geiz und Tugendhaftigkeit reaktivierte ihn; er atmete schwer vom schnellen Gehen, als er sich schließlich bückte, um die Narzissen in eine steinerne Vase zu stopfen, die auf einer groben grauen Platte thronte, auf der in Frakturschrift eingraviert war, dass es sich bei

SARAH BELLI

1901–1959

um die

TREUSORGENDE EHEFRAU VON IVOR

INNIG GELIEBTE MUTTER

VON IVY UND REBECCA

handelte.

Mein Gott, welche Erleichterung, dass die scharfe Zunge der Frau endlich verstummt war. Doch dieses Wissen, so beruhigend es auch war, und obgleich es durch den Gedanken an seine neue und stille Junggesellenwohnung untermauert wurde, konnte das plötzlich ausgelöschte Gefühl der Unsterblichkeit, des Froh-am-Leben-zu-Seins nicht neu entflammen, das der Tag bis dahin angefacht hatte. Er hatte sich auf den Weg gemacht, weil er sich viel Gutes von der frischen Luft versprach, dem Spaziergang, der Würze eines neuen Frühlings, der bald kommen würde. Nun wünschte er, er hätte einen Schal umgebunden; der Sonnenschein war trügerisch, ohne echte Wärme, und der Wind, so schien es ihm, war recht heftig geworden. Als er die Narzissen dekorativ zurechtrückte, bedauerte er, dass er ihr Ende nicht verzögern konnte, indem er sie mit Wasser versorgte; er überließ die Blumen ihrem Schicksal und wandte sich zum Gehen.

Eine Frau stand ihm im Weg. Obwohl es kaum andere Besucher auf dem Friedhof gab, hatte er sie zuvor nicht bemerkt, auch nicht näher kommen hören. Sie trat nicht beiseite. Sie warf rasch einen Blick auf die Narzissen; gleich darauf richteten sich ihre Augen, die hinter einer Metallbrille lagen, wieder auf Mr. Belli.

»Äh. Eine Verwandte?«

»Meine Frau«, sagte er und seufzte, als wäre ein Geräusch dieser Art erforderlich.

Sie seufzte ebenfalls; ein merkwürdiger Seufzer, in dem Genugtuung mitschwang. »Ach, das tut mir leid.«

Mr. Bellis Gesicht wurde länger. »Tja.«

»Wie bedauerlich.«

»Ja.«

»Hoffentlich keine lange Krankheit. Nichts Schmerzhaftes.«

»Nei-h-h-n«, sagte er, das Gewicht auf den anderen Fuß verlagernd. »Im Schlaf.« Da er ein unbefriedigtes Schweigen zu spüren glaubte, fügte er hinzu: »Das Herz.«

»Ach was. Genau so hab ich meinen Vater verloren. Erst vor Kurzem. Dann haben wir ja etwas gemeinsam. Etwas«, sagte sie in einem alarmierend klagenden Ton, »etwas, worüber wir uns unterhalten können.«

»… weiß, wie Ihnen zumute ist.«

»Wenigstens mussten sie nicht leiden. Das ist ein Trost.«

Mr. Belli drohte in Bälde der Geduldsfaden zu reißen. Bis jetzt hatte er, der Situation entsprechend, zu Boden gestarrt, lediglich, nach dem ersten flüchtigen Blick auf die Frau, ihre Schuhe betrachtet, die von der stabilen, sogenannten vernünftigen Sorte waren, wie sie ältere Frauen und Krankenschwestern trugen. »Ein großer Trost«, sagte er, während er drei Dinge tat: die Augen hob, sich an den Hut tippte, einen Schritt vorwärts machte.

Auch jetzt wich die Frau nicht von der Stelle; es war, als hätte sie den Auftrag, ihn festzuhalten. »Könnten Sie mir sagen, wie spät es ist? Meine alte Uhr«, verkündete sie, während sie verlegen auf ein zierliches Ding klopfte, das sie am Handgelenk trug, »ich hab sie zum Schulabschluss bekommen. Darum geht sie nicht mehr so gut. Ich meine, sie ist ziemlich alt. Aber sie sieht hübsch aus.«

Mr. Belli sah sich genötigt, seinen Mantel aufzuknöpfen und nach der goldenen Uhr zu kramen, die in seiner Westentasche steckte.

Gleichzeitig inspizierte er die Frau, nahm sie geradezu auseinander. Sie musste als Kind blond gewesen sein, ihre Gesichtsfarbe legte dies nahe: die Reinheit ihres skandinavischen Teints, ihre dicken Backen, die bäuerlich gesund gerötet waren, und das Blau ihrer freundlichen Augen – solch ehrliche Augen, attraktiv trotz der schmalen, silbernen Brille, die sie einrahmte; das Haar selbst, was davon unter dem tristen Filzhut auszumachen war, wies eine schlechte krause Dauerwelle und keine spezielle Farbe auf. Die Frau war etwas größer als Mr. Belli, der einen Meter zweiundsiebzig maß in Schuhen mit eingebautem Absatz, und sie mochte auch etwas mehr wiegen; jedenfalls konnte er sich nicht vorstellen, dass sie sich allzu gerne auf die Waage stellte. Ihre Hände: Küchenhände; und die Nägel: nicht nur schartig abgekaut, sondern noch dazu in einem perlmuttartigen Ton lackiert, der eigenartig phosphoreszierte. Sie trug einen schlichten braunen Mantel und hatte eine schlichte schwarze Handtasche bei sich. Als der prüfende Betrachter der einzelnen Bestandteile diese wieder zusammensetzte, stellte er fest, dass sie sich zu einer recht passablen Person verbanden, deren Äußeres ihm gefiel; der Nagellack war zwar abschreckend, doch Mr. Belli hatte dennoch den Eindruck, dass hier jemand war, auf den man sich verlassen konnte. So wie auf Esther Jackson, Miss Jackson, seine Sekretärin. In der Tat, genau an die erinnerte sie ihn, an Miss Jackson; nicht dass der Vergleich fair gewesen wäre – Miss Jackson gegenüber, die, wie er Mrs. Belli während eines Streits einmal hatte wissen lassen, »intellektuelle Eleganz und auch ansonsten Eleganz« besaß. Nichtsdestoweniger schien die Frau, die vor ihm stand, über die gleiche Bereitwilligkeit zu verfügen, die er an seiner Sekretärin, Miss Jackson, so schätzte, an Esther (wie er sie in letzter Zeit geistesabwesend nannte). Außerdem nahm er an, dass beide etwa gleichaltrig waren: eher diesseits der Vierzig.

»Genau zwölf.«

»Du meine Güte! Dann sind Sie bestimmt am Verhungern«, sagte sie, machte ihre Handtasche auf und sah suchend hinein wie in einen Picknickkorb, der genug Köstlichkeiten enthielt, um ein Smörgasbord zu offerieren. Sie holte eine Handvoll Erdnüsse heraus. »Ich lebe praktisch von Erdnüssen, seit Papa – seit niemand mehr da ist, für den ich kochen kann. Ich will mich ja nicht rühmen, aber ich muss zugeben, dass mir mein eigenes Essen fehlt. Papa hat immer gesagt, bei mir schmeckt es ihm besser als in jedem Restaurant, in dem er je war. Aber es macht keinen Spaß, nur für sich selbst zu kochen, und wenn man noch so luftige Torten backen kann. Kommen Sie. Greifen Sie zu. Sie sind frisch geröstet.«

Mr. Belli nahm das Angebot an; er hatte schon immer eine kindische Schwäche für Erdnüsse gehabt, und als er sich auf dem Grab seiner Frau niederließ, um die Erdnüsse zu essen, hoffte er inständig, dass seine neue Freundin noch mehr davon hatte. Mit einer Handbewegung bedeutete er ihr, sich zu ihm zu setzen; überrascht stellte er fest, dass ihr die Einladung peinlich zu sein schien; ihre Wangen waren plötzlich noch rosiger, als hätte er sie aufgefordert, aus Mrs. Bellis Totenbahre ein Liebeslager zu machen.

»Sie dürfen das. Sie sind ein Angehöriger.

Aber ich? Ob es ihr recht wäre, wenn sich eine Fremde auf ihr – ihre Ruhestätte setzt?«

»Bitte. Nur keine Scheu. Sarah hat gewiss nichts dagegen«, sagte er zu ihr, froh, dass Tote nicht hören können, denn es beunruhigte und belustigte ihn zugleich, sich vorzustellen, was Sarah, diese Expertin im Streit-vom-Zaun-Brechen, diese unermüdliche Fahnderin nach Lippenstiftspuren und verirrten blonden Haaren, sagen würde, wenn sie sehen könnte, wie er mit einer nicht ganz unattraktiven Frau auf ihrem Grab Erdnüsse knabberte.

Und dann, als sie sich geziert auf dem Rand der Grabplatte niederließ, bemerkte er ihr Bein. Ihr linkes Bein; es stand steif und gerade vor wie ein Stock bei einem Schabernack, mit dem sie Vorbeikommende zu Fall bringen wollte. Als sie seinen Blick bemerkte, lächelte sie, bewegte das Bein auf und ab. »Ein Unfall. Na ja. Als ich noch ein Kind war. Ich bin in Coney Island aus der Achterbahn gefallen. Ehrlich. Es stand in der Zeitung. Keiner weiß, wie ich das überlebt habe. Ich kann nur mein Knie nicht beugen. Ansonsten ist nichts zurückgeblieben. Außer, dass ich nicht tanzen gehen kann. Tanzen Sie gern?«

Mr. Belli schüttelte den Kopf; er hatte den Mund voller Erdnüsse.

»Dann haben wir ja *noch* etwas gemeinsam. Das Tanzen. *Vielleicht* würde es mir gefallen. Aber es geht ja nicht. Aber ich mag Musik.«

Mr. Belli nickte zustimmend.

»Und Blumen«, fügte sie hinzu und strich über den Narzissenstrauß; dann wanderten ihre Finger weiter und fuhren, als würde sie Braille lesen, über die Marmorbuchstaben seines Vornamens. »Ivor«, sagte sie, ihn falsch aussprechend. »Ivor Belli. Ich heiße Mary O'Meaghan. Sie sind also Italiener. Das wäre ich auch gern. So wie meine Schwester; sie hat einen geheiratet. Der ist so was von amüsant, immer vergnügt und extrovertiert wie alle Italiener. Er sagt, meine Spaghetti sind die besten, die er je gegessen hat. Vor allem die mit meiner Sauce aus Meeresfrüchten. Die sollten Sie mal probieren.«

Mr. Belli, der seine Erdnüsse aufgegessen hatte, wischte die Schalen von seinem Schoß. »Mit Vergnügen. Aber ich bin kein Italiener. Belli klingt nur so. Ich bin Jude.«

Sie runzelte die Stirn, nicht missbilligend, sondern als hätte er sie aus unerfindlichen Gründen erschreckt.

»Meine Familie kommt aus Russland; ich bin dort geboren.«

Diese Information weckte wieder ihre Begeisterung, beflügelte sie. »Es ist mir egal, was die Zeitungen schreiben. Ich bin sicher, die Russen sind genau wie alle anderen. Menschen eben. Haben Sie das Bolschoi-Ballett im Fernsehen gesehen? Waren Sie da nicht stolz, Russe zu sein?«

Er dachte: Sie meint es gut; und schwieg.

»Rotkohlsuppe, heiß oder kalt, mit saurer Sahne. Mmm. Sehen Sie«, sagte sie und holte eine weitere Portion Erdnüsse heraus, »Sie hatten wirklich Hunger. Sie Ärmster.« Sie seufzte. »Bestimmt vermissen Sie das Essen Ihrer Frau.«

Er vermisste es tatsächlich; und der gesprächsweise Druck, der auf seinen Appetit ausgeübt wurde, machte es ihm bewusst. Sarah hatte hervorragend aufgetischt: abwechslungsreich, pünktlich und schmackhaft. Er dachte an von Zimtduft erfüllte Feiertage zurück. An Festessen mit Bratensauce und Wein, gestärkter Tischwäsche, dem »guten« Silber; gefolgt von einem Mittagsschläfchen. Im Übrigen hatte Sarah ihn nie gebeten, Geschirr abzutrocknen (er hörte sie noch ruhig in der Küche hantieren), sich nie über die Hausarbeit beklagt; und sie hatte es verstanden, das Aufziehen zweier Mädchen zu einer reibungslosen Folge durchdachter, liebevoller Ereignisse zu machen. Mr. Bellis Beitrag zur Kindererziehung hatte darin bestanden, ein bewundernder Zuschauer zu sein. Falls ihm seine Töchter zur Ehre gereichten (Ivy in Bronxville und mit einem Kieferchirurgen verheiratet, ihre Schwester die Ehefrau von A. J. Krakower, Juniorpartner in der Anwaltskanzlei Finnegan, Loeb und Krakower), dann hatte er dies Sarah zu verdanken; die Mädchen gingen auf ihr Konto. Sarah hatte viele Qualitäten, und er stellte erfreut fest, dass ihm das einfiel, dass er sich *daran* erinnerte und nicht an die ewigen Auseinandersetzungen, in denen sie ihre scharfe Zunge an seinen Gewohnheiten gewetzt hatte, seiner angeblichen Spielsucht, seinen unterstellten Seitensprüngen, sondern an erfreulichere Episoden: wie Sarah ihre selbstgemachten Hüte vorführt, wie Sarah im Winter Brotkrumen für die Tauben aufs Fensterbrett streut; eine Flut von Bildern, die die Dschunke mit den hässlicheren Erinnerungen hinaus aufs Meer schwemmte. Er empfand Trauer, war mit einem Mal glücklich, so zu empfinden, bedauerte, nicht schon früher Trauer empfunden zu haben; aber obwohl er Sarah plötzlich aufrichtig zu würdigen wusste, konnte er nicht vorgeben, dass es ihm leidtat, dass ihr gemeinsames Leben beendet war, denn das derzeitige Arrangement war diesem, alles in allem, bei weitem vorzuziehen. Allerdings wünschte er, er hätte ihr statt der Narzissen eine Orchidee gebracht, eine dieser edlen, wie ihre Töchter sie von ihren Verehrern bekamen und die Sarah immer im Kühlschrank aufbewahrt hatte, bis sie verschrumpelten.

»... hab ich recht?«, vernahm er und wusste nicht, wer da gesprochen hatte, bis er, blinzelnd, Mary O'Meaghan erkannte, deren Stimme bislang ungehört verhallt war: eine schüchterne und einlullende Stimme, die seltsam dünn und jung klang für eine so robuste Person.

»Ich sagte, sie sind bestimmt süß, hab ich recht?«

»Na ja«, gab Mr. Belli sicherheitshalber zur Antwort.

»Seien Sie nicht so bescheiden. Bestimmt sind sie das. Wenn sie ihrem Vater nachschlagen; ha, ha, das sollte ein Scherz sein. Aber im Ernst, Kinder sind für mich das Größte. Ich tausche jeden Erwachsenen auf der Welt jederzeit gegen ein Kind ein. Meine Schwester hat fünf, vier Jungs und ein Mädchen. Dot, so heißt meine Schwester, bestürmt mich immer, den Babysitter zu machen, jetzt, wo ich Zeit dafür habe und mich nicht mehr den ganzen Tag um Papa kümmern muss. Sie und Frank, das ist mein Schwager, den ich ja schon erwähnt habe, sie sagen immer, Mary, niemand versteht sich besser auf Kinder als du. Und hat gleichzeitig so viel Freude an ihnen. Dabei ist es ganz einfach; es gibt nichts Besseres als heißen Kakao und eine wilde Kissenschlacht, um Kinder müde zu machen. Ivy«, las sie laut die Inschrift auf dem Grabstein vor. »Ivy und Rebecca. Schöne Namen. Und bestimmt tun Sie Ihr Möglichstes. Aber zwei kleine Mädchen ohne Mutter.«

»Nein, nein«, sagte Mr. Belli, als er endlich begriff. »Ivy ist selbst schon Mutter. Und Becky erwartet ein Kind.«

Ihr Gesicht verwandelte momentane Beschämung in einen Ausdruck ungläubigen Staunens. »Großvater? Sie?«

Mr. Belli hatte seine kleinen Eitelkeiten: Beispielsweise glaubte er, *mehr* Verstand zu haben als andere; und er war überzeugt, ein wandelnder Kompass zu sein; seine Fähigkeit, Informationen zu verdauen und einen verkehrt herum liegenden Text zu lesen, waren weitere Punkte, die sein Selbstwertgefühl steigerten. Aber ein Blick in den Spiegel löste wenig inneren Beifall aus; nicht dass ihm seine äußere Erscheinung missfallen hätte; er wusste, dass sie nur so lala war. Das Lichten seiner Haare hatte schon vor Jahrzehnten begonnen; inzwischen war sein Kopf ein nahezu abgeerntetes Feld. Seine Nase hatte Charakter, sein Kinn, obwohl es sich doppelt anstrengte, dagegen nicht. Seine Schultern waren breit; aber das war auch alles Übrige an ihm. Natürlich war er gepflegt: achtete auf geputzte Schuhe, saubere Wäsche, rasierte und puderte sich zweimal am Tag die bläulichen Wangen; doch dergleichen Maßnahmen konnten sein standes- und altersbezügliches Mittelmaß nicht kaschieren, sondern betonten es vielmehr. Dennoch ging er über Mary O'Meaghans schmeichelhafte Bemerkung nicht einfach hinweg; ein unverdientes Kompliment ist ja oft das wirkungsvollste.

»Mein Gott, ich bin einundfünfzig«, sagte er, vier Jahre abziehend. »Fühle mich aber nicht so.« Und das stimmte; vielleicht weil der Wind nachgelassen hatte, die Wärme der Sonne echter geworden war. Auf jeden Fall hatten sich seine Erwartungen wieder entzündet, er war wieder unsterblich, ein Mann, der vorausplante.

»Einundfünfzig. Das ist doch gar nichts. Im besten Mannesalter. Jedenfalls, wenn man auf sich achtet. Ein Mann in Ihrem Alter will umsorgt werden. Betreut sein.«

War man jetzt nicht einmal mehr auf dem Friedhof vor heiratswütigen Frauen sicher?

Diese ihm durch den Kopf schießende Frage machte auf halber Strecke halt, als er prüfend das gemütliche und leichtgläubige Gesicht seines Gegenübers betrachtete, darin nach Arglist suchte. Obwohl beruhigt, hielt er es doch für das Beste, sie daran zu erinnern, wo sie sich befanden. »Ihr Vater. Ist er« – Mr. Belli machte eine unbeholfene Handbewegung – »auch hier?«

»Papa? O nein. Da war er rigoros; hat es entschieden abgelehnt, sich beerdigen zu lassen. Er ist daheim.« Eine bestürzende Vorstellung stieg vor Mr. Bellis geistigem Auge auf, die durch ihre nächsten Worte: »Seine Asche, meine ich«, nicht ganz zerstreut wurde. »Tja«, sagte sie achselzuckend, »so wollte er es eben. Und – ach so – Sie fragen sich, warum ich dann hier bin? Ich wohne ganz in der Nähe. Man kann hier spazieren gehen, und die Aussicht ...« Beide drehten sich um und betrachteten die Silhouette von Manhattan, wo an den Türmchen bestimmter Gebäude Wolkenfahnen flatterten und sonnenbeschienene Fenster wie Glimmer glitzerten. Mary O'Meaghan sagte: »Der ideale Tag für eine Parade!«

Mr. Belli dachte: *Ich finde sie wirklich sehr nett;* und dann sagte er es laut und wünschte, er hätte es nicht getan, denn natürlich fragte sie ihn, warum. »Darum. Weil es nett war, was Sie gerade gesagt haben. Über Paraden.«

»Sehen Sie? Eine weitere Gemeinsamkeit! Ich lasse mir nie eine Parade entgehen«, verkündete sie triumphierend. »Das Schmettern der Trompeten. Ich spiele selbst Trompete; früher jedenfalls, als ich noch zur Schule ging. Sie sagten vorhin ...« Sie senkte die Stimme, als käme sie auf ein Thema zu sprechen, das nach einem ernsten Ton verlangte. »Sie deuteten an, dass Sie Musikliebhaber sind. Ich habe nämlich Tausende von alten Schallplatten. Hunderte. Papa war in der Branche tätig, und das war seine Arbeit. Bis er in Rente ging. In einer Schallplattenfabrik den Schellack auf Schallplatten auftragen. Erinnern Sie sich an Helen Morgan? Die ist für mich die Größte, die finde ich wirklich umwerfend.«

»All*mäch*tiger«, wisperte er. Ruby Keeler, Jean Harlow: Das waren heftige, aber überwindbare Schwärmereien gewesen; aber Helen Morgan, albinobleich, eine Elfe im Paillettenkleid, die das Rampenlicht überstrahlte – bei Gott, die hatte er wirklich geliebt.

»Glauben Sie das? Dass sie sich totgetrunken hat? Wegen einem Gangster?«

»Das spielt keine Rolle. Sie war hinreißend.«

»Manchmal, wenn ich allein bin und alles satt habe, tu ich so, als ob ich *sie* wäre. Tu so, als würde ich in einem Nachtclub singen. Das ist schön; verstehen Sie das?«

»Ja, das verstehe ich«, sagte Mr. Belli, der sich in seiner Phantasie am liebsten die Abenteuer ausmalte, die er haben könnte, wenn er unsichtbar wäre.

»Darf ich fragen, ob Sie mir einen Gefallen tun würden?«

»Gerne. Wenn ich kann.«

Sie holte tief Luft, hielt den Atem an, als schwimme sie unter einer Woge Schüchternheit hindurch; auftauchend sagte sie: »Würden Sie sich meine Imitation anhören? Und mir Ihre ehrliche Meinung dazu sagen?« Dann nahm sie ihre Brille ab: Das silberne Gestell hatte sich so fest eingedrückt, dass es deutliche Ränder in ihrem Gesicht hinterlassen hatte. Ihre Augen, nackt und feucht und hilflos, schienen bestürzt über die ungewohnte Freiheit; die spärlich bewimperten Lider flatterten wie abrupt freigelassene Vögel, die lange eingesperrt waren. »So, jetzt ist alles weich und verschwommen. Und nun müssen Sie Ihre Phantasie benutzen. Stellen Sie sich vor, ich sitze auf einem Klavier … Meine Güte, *verzeihen* Sie, Mr. Belli.«

»Ist schon in Ordnung. Sie sitzen also auf einem Klavier.«

»Ich sitze auf einem Klavier«, sagte sie und legte träumerisch den Kopf in den Nacken, bis er eine romantische Pose einnahm. Sie zog die Wangen nach innen, öffnete die Lippen; im gleichen Augenblick biss sich Mr. Belli auf die seinen. Denn der Besuch war ungehörig, den glamouröse Bühnentheatralik hier Mary O'Meaghans rundlichem und rosigem Gesicht abstattete; ein Besuch, der nicht hätte gemacht werden dürfen, da es die falsche Adresse war. Sie wartete, als lauschte sie einem Orchester, bis ihr Einsatz kam; dann: »*Don't ever leave me, now that you're here! Here is where you belong. Everything seems so right, when you're near, When you're away it's all wrong.«* Und Mr. Belli war bestürzt, denn was er da hörte, war exakt die Stimme von Helen Morgan, und diese Stimme, mit ihrer verletzlichen Süße, ihrer Kultiviertheit, ihren zarten bebenden umkippenden hohen Tönen, schien nicht geliehen, sondern Mary O'Meaghans eigene zu sein, der natürliche Ausdruck einer verborgenen Persönlichkeit. Nach und nach gab sie die theatralischen Posen auf, setzte sich aufrecht hin und sang mit fest geschlossenen Augen weiter: *»I'm so dependent, When I need comfort, I always run to you. Don't ever leave me! 'Cause if you do, I'll have no one to run to.«* Zu spät erst bemerkten sowohl sie als auch Mr. Belli den Leichenzug, der ihre Zweisamkeit störte: eine schwarze Schlange ernster Neger, die das weiße Paar anstarrten, als wären sie auf zwei betrunkene Grabräuber gestoßen – alle außer einer Person, einem tränenlosen kleinen Mädchen, das zu lachen begann und nicht mehr aufhören konnte; ihre krampfhafte Ausgelassenheit hallte noch wider, nachdem die Prozession längst weiter hinten um eine Ecke verschwunden war.

»Wenn das mein Kind wäre«, sagte Mr. Belli.

»Ist mir das peinlich!«

»Aber warum denn? Das war wunderschön. Ich meine es ernst; Sie können wirklich singen.«

»Danke«, sagte sie; und wie um eine Barriere gegen drohende Tränen zu errichten, setzte sie wieder ihre Brille auf.

»Glauben Sie mir, es hat mich tief bewegt. Ich würde liebend gerne eine Zugabe hören.«

Sie war wie ein Kind, dem er einen Luftballon gereicht hatte, einen ganz besonderen Luftballon, der mehr und mehr anschwoll, bis er sie nach oben riss, mit ihr dahinschwebte, sodass ihre Zehen nur dann und wann den Boden berührten. Sie kam wieder herunter und sagte: »Aber nicht hier. Vielleicht«, begann sie und schien wieder hochgezogen zu werden, durch die Luft zu tanzen, »vielleicht darf ich einmal für Sie kochen. Ich mache auch ein richtiges russisches Abendessen. Und wir können Schallplatten hören.«

Der Gedanke, der undeutliche Verdacht, der schon zuvor auf Zehenspitzen vorbeigeschlichen war, kehrte mit schwereren Schritten zurück, eine feste und vierschrötige Gestalt, die Mr. Belli nicht vertreiben konnte. »Vielen Dank, Miss O'Meaghan. Ich freue mich schon darauf«, sagte er. Er stand auf, rückte seinen Hut zurecht, brachte seinen Mantel in Ordnung. »Man sollte nicht zu lange auf kaltem Stein sitzen, sonst holt man sich etwas.«

»Wann?«

»Eigentlich immer. Man sollte sich *nie* auf einen kalten Stein setzen.«

»Wann kommen Sie zum Abendessen?«

Mr. Bellis Lebensunterhalt hing weitgehend davon ab, wie geschickt er im Erfinden von Ausreden war. »Jederzeit«, antwortete er glatt. »Nur nicht in allernächster Zeit. Ich bin Steuerberater, und Sie wissen ja, was bei uns im März los ist. Also dann«, sagte er, während er wieder seine Uhr hervorholte, »zurück in die Tretmühle.« Aber er konnte doch nicht – oder etwa doch? – einfach davonschlendern, sie hier auf Sarahs Grab sitzen lassen! Der Anstand verbot es ihm; schon wegen der Erdnüsse, aber noch aus anderen Gründen – vielleicht war sie ja der Grund, dass er sich daran erinnert hatte, wie Sarahs Orchideen im Kühlschrank verschrumpelten. Und außerdem war sie *wirklich* nett, eine so liebenswürdige Frau, fremde Frau, wie er nur je einer begegnet war. Er dachte daran, das Wetter zum Vorwand zu nehmen, doch das Wetter bot keinen: Wolken waren kaum mehr da, die Sonne schien klar und deutlich. »Kälter geworden«, bemerkte er und rieb sich die Hände. »Könnte Regen geben.«

»Mr. Belli. Ich werde Ihnen jetzt eine sehr persönliche Frage stellen«, sagte sie, jedes Wort entschieden aussprechend. »Sie dürfen nämlich nicht denken, dass ich herumlaufe und jeden x-beliebigen Mann zum Essen einlade. Meine Absichten sind« – ihre Augen irrten umher, ihre Stimme zitterte, als wäre ihre Freimütigkeit eine Maskerade gewesen, die sie nicht länger aufrechterhalten konnte. »Darum werde ich Ihnen eine sehr persönliche Frage stellen. Erwägen Sie, wieder zu heiraten?«

Er summte, ähnlich wie ein Radio, das warmläuft, bevor etwas zu hören ist; als er antwortete, lief es auf atmosphärische Störungen hinaus: »Ach, in *meinem* Alter. Möchte nicht einmal einen Hund. Fernsehen genügt mir. Ein Bierchen. Poker einmal in der Woche. Was soll's! Wer würde mich schon wollen?«, sagte er; und musste, mit leisem Schaudern, an Rebeccas Schwiegermutter denken, Dr. Pauline Krakower, Zahnärztin (im Ruhestand), Ehefrau von A. J. Krakower senior, die sich unverfroren an einem gewissen innerfamiliären Komplott beteiligt hatte. Und was war mit Sarahs bester Freundin, der hartnäckigen Brownie Pollock? Komisch, als Sarah noch lebte, hatte er Brownies Bewunderung genossen, sie sich gelegentlich sogar zunutze gemacht; danach – zu guter Letzt hatte er ihr klipp und klar sagen müssen, dass sie ihn nicht mehr anrufen solle (und sie hatte gebrüllt: »Es stimmt, was Sarah immer gesagt hat. Du bist ein mieses *haariges* fettes Schwein«). Tja; und dann war da Miss Jackson. Entgegen Sarahs Verdächtigungen, ihrer tatsächlich festen Überzeugung, war zwischen ihm und der sympathischen Esther, deren Hobby Kegeln war, nichts Ungehöriges, nichts *sehr* Ungehöriges vorgefallen. Aber er hatte immer vermutet, und in den letzten Monaten gewusst, dass, wenn er eines Tages einen Drink, ein Abendessen, den Besuch einer Kegelbahn vorschlagen würde … Er sagte: »Ich *war* verheiratet. Siebenundzwanzig Jahre lang. Das reicht fürs Leben«; aber als er es sagte, merkte er, dass er, genau in diesem Moment, zu einer Entscheidung gelangt war, die da lautete: Er *würde* Esther zum Essen einladen, er würde mit ihr Kegeln gehen und ihr eine Orchidee kaufen, eine edle purpurrote mit einer lavendelfarbenen Schleife. Und wo, überlegte er, verbrachte man im April seine Flitterwochen? Spätestens im Mai. In Miami? Auf den Bermudas? Genau! »Nein, das habe ich noch nie erwogen. Wieder zu heiraten.«

In Anbetracht ihrer aufmerksamen Körperhaltung hätte man meinen können, Mary O'Meaghan höre Mr. Belli gebannt zu – nur dass ihr Blick umherschweifte, herumirrte, als hielte sie auf einer Party Ausschau nach einem anderen, vielversprechenderen Gesicht. Aus ihrem eigenen Gesicht war die Farbe gewichen; und damit war ein Großteil ihres frischen Zaubers verschwunden. Sie hüstelte.

Er hüstelte. Er lüftete den Hut und sagte: »Es war sehr nett, Sie kennenzulernen, Miss O'Meaghan.«

»Gleichfalls«, sagte sie und stand auf. »Haben Sie etwas dagegen, wenn ich Sie bis zum Tor begleite?«

Er hatte etwas dagegen; denn er wollte allein weiterschlendern, die Würze des frühlingshellen Paradewetters genießen, allein sein mit seinen Gedanken an Esther, dem hoffnungsvollen, reizvollen Gefühl, unsterblich zu sein. »Ist mir ein Vergnügen«, sagte er und passte seinen Schritt ihrem langsameren Tempo und dem leichten Schlingern an, das ihr steifes Bein verursachte.

»*Trotzdem* schien es eine vernünftige Idee zu sein«, sagte sie streitlustig. »Die alte Annie Austin ist der lebende Beweis. Jedenfalls hat keiner eine *bessere* Idee gehabt. Ich meine, alle liegen mir ständig in den Ohren: Du musst heiraten. Seit dem Tag, als Papa starb, sagen meine Schwester und alle: Die arme Mary, was soll bloß aus ihr werden? Kann nicht Schreibmaschine schreiben. Nicht stenographieren. Mit *dem* Bein und allem kann sie nicht mal als Bedienung gehen. Was wird aus so jemand, einer erwachsenen Frau, die nichts kann, noch nie gearbeitet hat? Die nur gekocht und sich um ihren Vater gekümmert hat. Ständig bekam ich zu hören: Mary, du musst unbedingt heiraten.«

»Das sollten Sie auch. Warum wehren Sie sich dagegen? Ein feiner Mensch wie Sie sollte verheiratet sein. Sie würden einen Mann sehr glücklich machen.«

»Ganz bestimmt. Aber *wen*?« Sie warf die Arme hoch, deutete mit einer Hand auf Manhattan, das ganze Land, die Kontinente dahinter. »Also habe ich mich umgeschaut; ich bin kein träger Typ. Aber mal ehrlich, ganz im Ernst, wie soll man einen Ehemann finden? Wenn man nicht sehr, sehr hübsch ist, keine tolle Tänzerin ist? Sondern nur – na ja, mittelmäßig. So wie ich.«

»Aber ich bitte Sie«, murmelte Mr. Belli. »Sie sind doch nicht mittelmäßig. Könnten Sie nicht etwas aus Ihrem Talent machen? Aus Ihrer Stimme?«

Sie blieb stehen, klappte ihre Handtasche auf und zu. »Machen Sie sich nicht lustig über mich. Bitte nicht. Mein Leben steht auf dem Spiel.« Und sie beteuerte: »Ich *bin* mittelmäßig. Genau wie die alte Annie Austin. Und die sagt, der richtige Ort, um einen Ehemann zu finden – einen anständigen, gut situierten Mann –, sind die Todesanzeigen.«

Für einen Mann, der sich für einen wandelnden Kompass hielt, machte Mr. Belli mit dem beängstigenden Gefühl Bekanntschaft, sich verirrt zu haben; erleichtert sah er hundert Meter weiter die Tore des Friedhofs vor sich. »Ach ja? Sagt sie das? Die alte Annie Austin?«

»Ja. Und sie ist eine sehr praktisch veranlagte Frau. Sie bringt sechs Personen mit 58 Dollar und 75 Cent in der Woche durch: Essen, Kleidung, alles. Und so, wie sie es mir erklärt hat, hört es sich durchaus *logisch* an. Weil die Todesanzeigen voller unverheirateter Männer sind. Lauter Witwer. Man geht einfach zu der Beerdigung und stellt sich vor, spricht sein Beileid aus. Oder auf den Friedhof: kommt an einem schönen Tag hierher oder geht auf den in Woodlawn, da sind immer Witwer unterwegs. Die Männer denken daran, wie sehr sie das häusliche Leben vermissen und wünschen sich vielleicht, wieder verheiratet zu sein.«

Als Mr. Belli klar wurde, dass sie das ernst meinte, war er entsetzt; aber er war auch belustigt; und er lachte, rammte die Hände in die Manteltaschen und warf den Kopf zurück. Sie begann ebenfalls zu lachen, sodass sie wieder Farbe bekam, sich, aus lauter Übermut, gegen ihn fallen ließ. »Ich sehe ja ein«, sagte sie und umklammerte seinen Arm, »ich sehe ja *selbst* ein, wie grotesk das Ganze ist.« Doch diese Einsicht hielt nicht lange vor; plötzlich wieder ernst, sagte sie: »Aber so hat Annie ihre Ehemänner kennengelernt. Alle beide: erst Mr. Cruikshank und dann Mr. Austin. Es *muss* also eine vernünftige Idee sein. Meinen Sie nicht?«

»O doch, durchaus.«

Sie hob die Schultern. »Aber sie hat nicht besonders gut funktioniert. Bei uns, zum Beispiel. Dabei schienen wir so viel gemeinsam zu haben.«

»Irgendwann klappt es«, sagte er und beschleunigte seine Schritte. »Bei einem vitaleren Burschen.«

»Ich weiß nicht. Ich habe schon tolle Leute kennengelernt. Aber es endet immer wie heute. Wie bei uns …«, sagte sie und ließ den Rest unausgesprochen, denn ein neuer Pilger, der soeben durch die Tore des Friedhofs trat, hatte ihr Interesse geweckt: ein munterer kleiner Mann, der fröhlich vor sich hin pfiff und schwungvollen Schrittes daherkam. Mr. Belli sah ihn ebenfalls, entdeckte das schwarze Band, das um den Ärmel der leuchtend grünen Tweedjacke des Besuchers genäht war, und bemerkte: »Viel Glück, Miss O'Meaghan. Und danke für die Erdnüsse.«

DAS SCHNÄPPCHEN

Mehrere Dinge an ihrem Ehemann ärgerten Mrs. Chase. Zum Beispiel seine Stimme: Er hörte sich immer an, als biete er bei einem Pokerspiel. Seine desinteressierte schleppende Art zu sprechen war zum Verzweifeln, insbesondere jetzt, da sie mit ihm telefonierte und selbst vor Aufregung schrill klang. »Natürlich habe ich schon einen, das weiß ich. Aber du verstehst nicht, Schatz – das ist ein Schnäppchen«, sagte sie, das letzte Wort betonend, und machte eine Kunstpause, damit es seine magische Wirkung entfalten konnte. Simple Stille trat ein. »Du könntest ruhig etwas sagen. Nein, ich bin nicht in einem Geschäft, ich bin zu Hause. Alice Severn kommt zum Mittagessen. Ihr gehört der Mantel, von dem ich dir zu erzählen versuche. Du erinnerst dich sicherlich an Alice Severn.« Sein kurzes Gedächtnis war ein weiteres Ärgernis, und obwohl sie ihn darauf hinwies, dass sie Arthur und Alice Severn früher in Greenwich häufig gesehen hatten, sie sogar bei sich zu Gast gehabt hatten, gab er vor, den Namen nicht zu kennen. »Ist ja auch egal«, seufzte sie. »Ich will mir den Mantel ohnehin nur anschauen. Dann guten Appetit, Schatz.«

Später, als sie an den peniblen Wellen ihres aufgehellten Haares herumzupfte, musste Mrs. Chase einräumen, dass es eigentlich keinen Grund gab, warum sich ihr Mann noch an die Severns erinnern sollte. Dies wurde ihr klar, als sie, mit mäßigem Erfolg, versuchte, ein Bild von Alice Severn heraufzubeschwören. Da, sie hatte es fast: eine frische, schlaksige Frau, unter dreißig, und immer in einem Kombiwagen unterwegs, begleitet von einem Irischen Setter und drei entzückenden goldroten Kindern. Es hieß, dass der Ehemann trank; oder war es umgekehrt? Außerdem waren sie angeblich nicht kreditwürdig, zumindest erinnerte sich Mrs. Chase, einmal von unglaublichen Schulden gehört zu haben, und irgendjemand – vielleicht sie selbst? – hatte gesagt, Alice Severn sei einfach zu bohemienhaft.

Bevor sie nach Manhattan zogen, hatten die Chases ein Haus in Greenwich bewohnt, was für Mrs. Chase sehr eintönig war, da sie den Anflug von Natur dort nicht mochte und die Freuden der New Yorker Schaufenster vorzog. In Greenwich waren sie, auf Cocktailpartys, am Bahnhof, hin und wieder den Severns begegnet, mehr war eigentlich nicht gewesen. Wir waren nicht einmal befreundet, befand sie, etwas überrascht. Wie es häufig der Fall ist, wenn man unvermutet von einem Menschen von früher hört, noch dazu jemandem, den man in einem anderen Zusammenhang kannte, hatte sie spontan ein Gefühl der Intimität empfunden. Nach reiflicher Überlegung erschien es jedoch höchst merkwürdig, dass Alice Severn, die sie seit über einem Jahr nicht gesehen hatte, anrief und einen Nerzmantel zum Kauf anbot.

Mrs. Chase ging kurz in die Küche, um eine Suppe und einen Salat zum Mittagessen zu bestellen: Es kam ihr nie in den Sinn, dass nicht jeder Mensch Diät hielt. Sie füllte eine Sherrykaraffe und nahm sie mit ins Wohnzimmer. Es war ein grüner glasblitzender Raum, vergleichbar ihrem allzu jugendlichen Geschmack in puncto Kleidung. Wind rüttelte an den Fenstern, denn die Wohnung lag hoch oben und blickte wie aus einem Flugzeug auf das südliche Manhattan. Sie legte eine Linguaphone-Schallplatte auf und nahm in bewusst unentspannter Körperhaltung Platz, um der forcierten Stimme zu lauschen, die französische Sätze vorsprach. Im April planten die Chases zur Feier ihres zwanzigsten Hochzeitstages eine Reise nach Paris; aus diesem Grund hatte sie den Sprachkurs auf sich genommen, und aus diesem Grund zog sie auch Alice Severns Mantel in Erwägung: Es war zweckmäßiger, befand sie, in einem Nerz aus zweiter Hand zu reisen; später konnte sie ihn ja zu einer Stola umarbeiten lassen.

Alice Severn traf einige Minuten zu früh ein, ein Zufall sicherlich, denn sie war keine ängstliche Person, zumindest nicht ihrem ruhigen, bedächtigen Auftreten nach zu urteilen. Sie trug vernünftige Schuhe, ein Tweedkostüm, das seine besten Tage gesehen hatte, und hatte eine Schachtel dabei, die mit einer zusammengestoppelten Schnur zugebunden war.

»Ich habe mich so gefreut, als Sie heute Vormittag anriefen. Du lieber Himmel, es ist ja ewig her, aber wir kommen natürlich überhaupt nicht mehr nach Greenwich.«

Ihr Gast lächelte zwar, blieb jedoch stumm, und Mrs. Chase, auf Überschwänglichkeit eingestimmt, war etwas erstaunt. Als sie sich setzten, blieben ihre Augen auf die jüngere Frau geheftet, und ihr kam in den Sinn, dass sie Alice Severn bei einer zufälligen Begegnung vielleicht nicht wiedererkannt hätte, nicht weil diese sich äußerlich so sehr verändert hatte, sondern weil Mrs. Chase klar wurde, dass sie sie noch nie eingehend betrachtet hatte, was eigenartig schien, da Alice Severn jemand war, der einem auffiel. Wenn sie weniger lang, mehr gedrungen gewesen wäre, hätte man sie möglicherweise nicht weiter beachtet, höchstens gesagt, dass sie attraktiv sei. Aber so, mit ihren roten Haaren, der leichten Distanziertheit in ihren Augen, ihrem sommersprossigen Herbstgesicht und den sehnigen, kräftigen Händen, besaß sie eine gewisse Vornehmheit, die man nicht ohne weiteres ignorieren konnte.

»Sherry?«

Alice Severn nickte, und ihr Kopf, bedenklich auf dem dünnen Hals balancierend, war wie eine Chrysantheme, die zu schwer für ihren Stängel ist.

»Cracker?«, bot Mrs. Chase an und dachte bei sich, jemand, der so mager und hochaufgeschossen sei, esse bestimmt wie ein Scheunendrescher. Sie hatte plötzlich Skrupel wegen ihres kärglichen Suppe-und-Salat-Menüs und erzählte die folgende Lüge: »Ich weiß nicht, was Martha zum Mittagessen macht. Sie wissen ja, wie schwierig dergleichen ohne Vorwarnung ist. Aber sagen Sie, meine Liebe, was gibt es Neues in Greenwich?«

»In Greenwich?«, sagte ihr Gast, heftig blinzelnd, als wäre im Zimmer unerwartet Licht aufgeflammt. »Ich habe keine Ahnung. Wir leben schon seit einiger Zeit nicht mehr da, sechs Monate oder länger.«

»Ach«, sagte Mrs. Chase. »Da sehen Sie mal, wie wenig ich auf dem Laufenden bin. Und wo leben Sie jetzt, meine Liebe?

Alice Severn hob eine ihrer knochigen, unbeholfenen Hände und wedelte in Richtung der Fenster. »Da draußen«, sagte sie, eigenartigerweise. Ihre Stimme war gleichmütig, aber es lag ein erschöpfter Ton darin, als wäre eine Erkältung im Anzug. »Hier in der Stadt, meine ich. Es gefällt uns nicht besonders, Fred schon gar nicht.«

Mit kaum vernehmbarer Modulation sagte Mrs. Chase: »Fred?«, denn sie erinnerte sich ganz genau, dass der Ehemann ihres Gastes Arthur hieß.

»Ja, Fred, mein Hund, ein Irischer Setter, Sie haben ihn bestimmt schon gesehen. Er ist Auslauf gewohnt, und die Wohnung ist so klein, eigentlich nur ein Zimmer.«

Es musste wirklich schlimm gekommen sein, wenn alle Severns in einem einzigen Zimmer lebten. So neugierig sie auch war, hielt sich Mrs. Chase doch zurück und fragte nicht weiter nach. Sie nippte an ihrem Sherry und sagte: »Natürlich erinnere ich mich an Ihren Hund; und an die Kinder: wie alle drei die roten Köpfe aus Ihrem Kombiwagen steckten.«

»Die Kinder haben keine roten Haare. Sie sind blond, so wie Arthur.«

Die Berichtigung wurde so humorlos vorgebracht, dass Mrs. Chase zu einem verwirrten kurzen Lachen provoziert wurde. »Und was macht Arthur?«, sagte sie und begann aufzustehen, um zu Tisch zu bitten. Doch Alice Severns Antwort ließ sie wieder Platz nehmen. Denn ohne ihre unerschütterlich ausdruckslose Miene zu verziehen, erwiderte sie: »Wird immer dicker.«

»Immer dicker«, wiederholte sie nach einer kurzen Pause. »Als ich ihn das letzte Mal sah, ich glaube, das ist erst eine Woche her, überquerte er gerade eine Straße und watschelte geradezu. Wenn er mich gesehen hätte, hätte ich lachen müssen: Er war doch immer so auf seine Figur bedacht.«

Mrs. Chase fasste sich an die Hüfte. »Sie und Arthur. Getrennt? Wirklich erstaunlich.«

»Wir sind nicht getrennt.« Sie wischte mit der Hand durch die Luft, als wollte sie Spinnweben wegfegen. »Ich kenne ihn seit meiner Kindheit, seit wir beide Kinder waren: Glauben Sie«, sagte sie ruhig, »dass wir da jemals voneinander getrennt sein könnten, Mrs. Chase?«

Die förmliche Verwendung ihres Namens schien Mrs. Chase auszuschließen; flüchtig hatte sie das Gefühl, isoliert zu sein, und während sie gemeinsam ins Esszimmer gingen, glaubte sie, eine gewisse Feindseligkeit zwischen sich und ihrem Gast zu spüren. Möglicherweise war es der Anblick von Alice Severns ungelenken Händen, die ungeschickt die Serviette entfalteten, der sie davon überzeugte, dass dies nicht der Fall war. Abgesehen von einigen höflich gewechselten Worten aßen sie schweigend, und Mrs. Chase begann schon zu befürchten, dass sie keine Einzelheiten erfahren werde.

Schließlich, »um die Wahrheit zu sagen«, platzte Alice Severn damit heraus, »wir wurden im letzten August geschieden«.

Mrs. Chase wartete; dann, zwischen dem Senken und Heben ihres Suppenlöffels, sagte sie: »Wie schrecklich. Seine Trinkerei, nehme ich an?«

»Arthur hat nie getrunken«, erwiderte sie mit einem freundlichen, aber erstaunten Lächeln. »Das heißt, wir tranken beide. Wir tranken zum Spaß, nicht aus Bosheit. Im Sommer war das sehr nett. Wir fuhren hinunter an den Bach und pflückten Minze und machten Mint Juleps, riesige Einweckgläser voll. In heißen Nächten, wenn wir nicht schlafen konnten, füllten wir manchmal die Thermoskanne mit kaltem Bier und weckten die Kinder, und dann fuhren wir rüber ans Meer: Es macht Spaß, Bier zu trinken und zu schwimmen und im Sand zu schlafen. Das waren schöne Zeiten; ich weiß noch, dass wir einmal bis zum nächsten Morgen blieben. Nein«, sagte sie, und ein ernster Gedanke straffte ihr Gesicht, »ich will es Ihnen sagen. Ich bin fast einen Kopf größer als Arthur, und ich glaube, das hat ihn gestört. Als wir Kinder waren, dachte er immer, dass er über mich hinauswachsen würde, aber das tat er nicht. Er hasste es, mit mir zu tanzen, und dabei tanzt er so gern. Und er hatte gern viele Menschen um sich, kleine Menschen mit hohen Stimmen. Ich bin da anders, ich wollte nur uns. Auf dem Gebiet war ich keine Freude für ihn. Erinnern Sie sich an Jeannie Bjorkman? Die mit dem runden Gesicht und den Locken, etwa Ihre Größe.«

»Sehr gut sogar«, sagte Mrs. Chase. »Sie war im Rotkreuz-Komitee. Grässliche Person.«

»Nein«, sagte Alice Severn nachdenklich. »Jeannie ist nicht grässlich. Wir waren sehr gute Freundinnen. Das Komische ist, dass Arthur früher sagte, er könne sie nicht ausstehen, aber ich vermute, dass er schon immer verrückt nach ihr war, jedenfalls ist er es jetzt, und die Kinder ebenfalls. Irgendwie wünschte ich, die Kinder hätten sie nicht so gern, obwohl ich darüber froh sein sollte, da sie bei ihr leben müssen.«

»Das gibt es nicht: Ihr Mann und mit dieser schrecklichen Bjorkman verheiratet!«

»Seit August.«

Mrs. Chase, die kurz innegehalten hatte, um vorzuschlagen, den Kaffee im Wohnzimmer zu trinken, sagte: »Es ist empörend, dass Sie allein in New York leben. Zumindest die Kinder könnten bei Ihnen sein.«

»Arthur wollte sie«, sagte Alice Severn schlicht. »Aber ich bin nicht allein. Fred ist einer meiner besten Freunde.«

Mrs. Chase machte eine ungehaltene Handbewegung: Sie mochte keine Hirngespinste. »Ein Hund. Das ist doch absurd. Ich kann dazu nur sagen, dass Sie eine Närrin sind: Ein Mann, der versuchen sollte, derart auf mir herumzutrampeln, würde sich gewaltig ins eigene Fleisch schneiden. Vermutlich haben Sie nicht einmal dafür gesorgt, dass er Sie«, sie zögerte, »finanziell unterstützt.«

»Sie verstehen nicht, Arthur hat kein Geld«, sagte Alice Severn mit der Bestürzung eines Kindes, das entdeckt, dass Erwachsene im Grunde nicht sehr scharfsinnig sind. »Er musste sogar das Auto verkaufen und geht zu Fuß zum Bahnhof. Aber wissen Sie, ich glaube, er ist glücklich.«

»Man sollte Sie schütteln, damit Sie zur Vernunft kommen«, sagte Mrs. Chase, als hätte sie gute Lust, zur Tat zu schreiten.

»Mir macht nur Fred Sorgen. Er ist Auslauf gewohnt, und eine Person allein lässt nicht viele Knochen übrig. Meinen Sie, ich könnte eine Stelle in Kalifornien bekommen, wenn ich meinen Kurs abgeschlossen habe? Ich besuche nämlich eine Handelsschule, aber ich bin nicht furchtbar schnell, vor allem nicht beim Tippen, meine Finger scheinen es geradezu zu hassen. Vermutlich ist es wie mit dem Klavierspielen, man sollte es lernen, wenn man sehr jung ist.« Sie warf einen prüfenden Blick auf ihre Hände und seufzte. »Ich habe um drei Uhr Unterricht; wäre es Ihnen recht, wenn ich Ihnen jetzt den Mantel zeige?«

Das festliche Gepräge von Dingen, die aus einer Schachtel kommen, war im Allgemeinen dazu angetan, Mrs. Chase zu ermuntern, aber als sie sah, wie der Deckel abgenommen wurde, befiel sie ein melancholisches Unbehagen.

»Er gehörte meiner Mutter.«

Die ihn sechzig Jahre getragen haben muss, dachte Mrs. Chase, als sie vor dem Spiegel stand. Der Mantel ging ihr bis zu den Fußknöcheln. Sie fuhr mit der Hand über den glanzlosen, kahle Stellen aufweisenden Pelz, der muffig und säuerlich roch, als hätte er auf einem feuchten Dachboden gelegen. Ihr war kalt in dem Mantel, sie zitterte, zugleich erhitzte jähe Röte ihr Gesicht, denn genau da bemerkte sie, dass ihr Alice Severn über die Schulter starrte, in deren Miene eine gespannte, unwürdige Erwartung lag, die vorher nicht da gewesen war. Was Mitgefühl betraf, war Mrs. Chase sparsam: Bevor sie es bezeigte, knüpfte sie vorsichtshalber eine Bedingung daran, sodass sie es notfalls abrupt entziehen konnte. Doch als sie nun Alice Severn anschaute, war es, als ob die Bedingung abgetrennt worden wäre, und diesmal sah sie sich unmittelbar mit der Verpflichtung konfrontiert, Mitgefühl zu zeigen. Sie wand sich trotzdem, suchte nach einem Schlupfloch, doch dann stießen ihre Augen mit denen der anderen zusammen, und sie merkte, dass es keinen Ausweg gab. Die Erinnerung an ein Wort aus ihrem Linguaphone-Kurs machte eine Frage leichter: »*Combien?*«

»Er ist nicht viel wert, oder?« Es lag Unsicherheit in der Frage, nicht Offenheit.

»Nein, absolut nicht«, sagte sie müde, fast ungehalten. »Aber ich habe vielleicht Verwendung dafür.« Sie erkundigte sich kein zweites Mal; es war klar, dass ihre Verpflichtung unter anderem dadurch erfüllt werden musste, dass sie den Preis selbst bestimmte.

Noch immer den unförmigen Mantel mit sich schleifend, ging sie in eine Ecke des Zimmers, wo ein Schreibtisch stand, und stellte, mit unwilligen Bewegungen, einen Scheck auf ihr Privatkonto aus: Sie wollte keinesfalls, dass ihr Mann davon erfuhr. Mehr als die meisten verabscheute Mrs. Chase das Gefühl, etwas verloren zu haben; ein verlegter Schlüssel, eine verschwundene Münze riefen sofort den Gedanken an Diebstahl und die Ungerechtigkeiten des Lebens wach. Ähnlich erging es ihr jetzt, als sie Alice Severn den Scheck reichte, die ihn zusammenfaltete und, ohne einen Blick darauf zu werfen, in ihre Jackentasche steckte. Er war für fünfzig Dollar.

»Schätzchen«, sagte Mrs. Chase, grimmig vor unechter Sorge, »Sie müssen mich unbedingt anrufen und mir sagen, wie alles läuft. Sie dürfen sich nicht einsam fühlen.«

Alice Severn dankte ihr nicht, und an der Tür verabschiedete sie sich nicht. Stattdessen nahm sie die Hand von Mrs. Chase in ihre und tätschelte sie, als würde sie nachsichtig ein Tier, einen Hund belohnen. Nach dem Schließen der Tür starrte Mrs. Chase auf ihre Hand, hob sie an die Lippen. Das Gefühl der anderen Hand war noch darauf, und sie blieb wartend stehen, während es sich verflüchtigte: Kurz darauf war ihre Hand wieder ganz kalt.

DER KOPFLOSE FALKE

Jene sind abtrünnig geworden vom Licht und kennen seinen Weg nicht und kehren nicht wieder zu seiner Straße. Im Finstern bricht man in die Häuser ein; des Tages verbergen sie sich miteinander und scheuen das Licht. Denn wie wenn der Morgen käme, ist ihnen alles Finsternis; denn sie sind bekannt mit den Schrecken der Finsternis.

Hiob 24: 13, 16, 17

I

Vincent schaltete das Licht in der Galerie aus. Draußen, nach Abschließen der Tür, strich er die Krempe seines eleganten Panamahutes glatt und brach Richtung Third Avenue auf, den Schirm im Takt auf das Pflaster setzend.

Die Aussicht auf Regen hatte den Tag seit dem frühen Morgen verdüstert, und ein Himmel aus aufgeblähten Wolken trübte die Fünf-Uhr-Sonne; aber es war heiß, feucht wie tropischer Dunst, und Stimmen, die durch die graue Juli-Straße drangen, gedämpft und seltsam klangen, hatten einen gereizten Unterton. Vincent war, als bewegte er sich unter dem Meer. Busse, die die Stadt auf der Fifty-seventh Street durchquerten, wirkten wie grünbäuchige Fische, und Gesichter tauchten auf und schaukelten wie auf Wellen tanzende Masken. Er musterte jeden Passanten, suchte nach jemandem, und bald darauf sah er sie, ein Mädchen in einem grünen Regenmantel. Sie stand an der südlichen Ecke der Kreuzung Fifty-seventh Street und Third Avenue, stand einfach, eine Zigarette rauchend, da und vermittelte irgendwie den Eindruck, als summte sie ein Lied. Der Regenmantel war durchsichtig. Sie trug dunkle Hosen, keine Socken, geflochtene mexikanische Sandalen, ein weißes Herrenhemd. Ihr Haar war rehbraun und geschnitten wie das eines Jungen. Als sie Vincent über die Straße auf sich zukommen sah, warf sie die Zigarette weg und eilte den Häuserblock entlang zum Eingang eines Antiquitätengeschäfts.

Vincent verlangsamte seine Schritte. Er holte ein Taschentuch heraus und tupfte sich die Stirn ab; wenn er doch nur weg könnte, in Urlaub fahren, in der Sonne liegen. Er kaufte eine Abendzeitung und ließ das Wechselgeld fallen. Es kullerte in den Rinnstein, verschwand geräuschlos durch ein Kanalgitter. »Ist doch bloß 'n Fünfer, Chef«, sagte der Zeitungsverkäufer, da Vincent, der den Verlust gar nicht bemerkt hatte, untröstlich wirkte. Und das war inzwischen öfter so, nie ganz anwesend, nie sicher, ob ein Schritt ihn rückwärts oder vorwärts führen würde, nach oben oder nach unten. Betont lässig, den Griff des Schirms über den Arm gehängt und die Augen auf die Schlagzeilen der Zeitung konzentriert – aber was zum Teufel stand da eigentlich? –, ging er in südlicher Richtung weiter. Eine Frau mit dunklem Teint, die eine Einkaufstasche trug, rempelte ihn an, stierte, murmelte grob etwas in hitzigem Italienisch. Der raue Ton ihrer Stimme schien durch

Wollschichten zu kommen. Als er sich dem Antiquitätengeschäft näherte, wo das Mädchen mit dem grünen Regenmantel wartete, ging er noch langsamer, zählte eins, zwei, drei, vier, fünf, sechs – bei sechs stand er vor dem Schaufenster.

Im Schaufenster sah es aus wie auf einem Dachboden; die ausrangierten Dinge eines ganzen Lebens türmten sich zu einer Pyramide ohne besonderen Wert: leere Bilderrahmen, eine lavendelfarbene Perücke, altmodische Seifenschalen, Lampenschirme aus Glasperlen. Eine orientalische Maske hing an einer Schnur von der Decke, und der Wind von einem Ventilator, der drinnen im Laden surrte, ließ sie langsam um sich selbst kreisen. Vincent hob, Stück für Stück, den Blick und sah das Mädchen direkt an. Sie hielt sich noch immer am Eingang auf, sodass er ihr Grün wellig verzerrt durch zwei Scheiben sah; oben brauste die Hochbahn, und das Fenster zitterte. Ihre Gestalt dehnte sich aus wie ein Spiegelbild auf Silbergeschirr, nahm dann allmählich wieder feste Form an: Sie beobachtete ihn.

Er steckte sich eine Old Gold in den Mund, kramte nach Streichhölzern, fand keines und seufzte. Das Mädchen trat aus dem Eingang. Sie hielt ihm ein billiges kleines Feuerzeug hin; als die Flamme aufloderte, fixierten ihn ihre Augen, fahl, ohne Tiefe, katzengrün, mit alarmierender Intensität. Ihre Augen hatten einen erstaunten, ja entsetzten Ausdruck, als wären sie, da sie einst Schreckliches mitangesehen hatten, weit aufgerissen erstarrt. Saloppe Ponyfransen säumten ihre Stirn; der jungenhafte Haarschnitt betonte den kindlichen und etwas romantischen Charakter ihres schmalen, hohlwangigen Gesichts. Es war die Art von Gesicht, die man gelegentlich auf Gemälden mittelalterlicher Jünglinge sieht.

Den Rauch durch die Nase ausströmen lassend, fragte sich Vincent, wohlwissend, dass Nachfragen zwecklos war, wie immer, wovon sie lebte und wo. Er schnippte die Zigarette weg, denn er hatte sie eigentlich gar nicht gewollt, drehte sich dann um und überquerte rasch die Straße unter der Hochbahn; als er sich dem Bürgersteig näherte, hörte er

Bremsen quietschen, und plötzlich, als wären Wattepfropfen aus seinen Ohren geflogen, drang Großstadtlärm auf ihn ein. Ein Taxifahrer brüllte: »Verdammt nochmal, Kleine, nimm die Beine in die Hand!«, doch das Mädchen drehte sich nicht einmal um; mit starrem Blick, unbeirrt wie eine Schlafwandlerin und die Augen geradeaus auf Vincent gerichtet, der stumm zusah, ging sie über die Straße. Ein junger Farbiger, der einen knalligen violetten Anzug trug, nahm ihren Ellbogen. »Is' Ihnen schlecht, Miss?«, sagte er, während er sie weiterführte, und sie gab keine Antwort. »Sie sehen ganz schön komisch aus, Miss. Wenn Ihnen schlecht is', ich …«, dann, der Richtung ihres Blickes folgend, ließ er sie los. Da war etwas, das ihn innerlich ganz still machte. »Äh – alles klar«, murmelte er, trat grinsend zurück und zeigte seine mit Zahnstein belegten Zähne.

Also ging Vincent entschlossen weiter, und sein Schirm sandte Block um Block eine Art Code aus. Sein Hemd war mit juckendem Schweiß durchtränkt, und die Geräusche, ganz laut jetzt, hämmerten in seinem Kopf:

eine Autohupe, die *My Country, 'Tis of Thee* spielte, elektrische Funken, die bläulich knisternd von donnernden Schienen flogen, Whiskeygelächter, das aus trostlosen Türen nach schalem Bier riechender Bars schlug, wo orchideenartige Automaten amerikanische Musik produzierten – *I got spurs that jingle jangle jingle*. Hin und wieder erhaschte er einen Blick von ihr, einmal reflektiert im Schaufenster von Paul's Seefood Palace, wo sich scharlachrote Hummer auf einem Strand aus geschabtem Eis reckten. Sie folgte dicht hinter ihm, die Hände in den Taschen ihres Regenmantels vergraben. Die grellen Lichter eines Kino-Vordaches blinkten, und ihm fiel ein, wie sehr sie Filme liebte: Kriminalfilme, Spionagethriller, Wildwestfilme. Er bog in eine Seitenstraße ein, die zum East River führte; es war ruhig hier, so still wie sonntags: ein schlendernder Matrose, der Eis am Stiel lutschte, lebhafte Zwillinge, die seilhüpften, eine feine alte Dame mit gardenienweißem Haar, die Spitzenvorhänge zur Seite schob und lustlos ins regendunkle Leere spähte – eine Großstadtlandschaft im Juli. Und hinter ihm das leise beharrliche Tappen von Sandalen. Verkehrsampeln an der Second Avenue sprangen auf Rot; an der Ecke ein bärtiger Zwerg, Ruby der Popcornmann, der kreischte: »Heißes Popcorn, große Tüte, ja?« Vincent schüttelte den Kopf, und der Zwerg schien verärgert zu sein, doch dann rief er höhnisch: »Na also!«, und stieß seine Schaufel in den von Kerzen beleuchteten Käfig, wo platzende Maiskörner auf und ab hüpften wie toll gewordene Nachtfalter. »Na also, die junge Dame weiß, dass Popcorn nahrhaft ist.« Sie kaufte welches für zehn Cent, und es war in einer grünen Tüte, passend zu ihrem Regenmantel, passend zu ihren Augen.

Das ist mein Viertel, meine Straße, das Haus mit dem Törchen ist das, wo ich wohne. Sich dies ins Gedächtnis zu rufen, war insofern notwendig, als er seinen Realitätssinn gegen ein Wissen um Zeit und Raum eingetauscht hatte. Er blickte dankbar auf säuerliche, verblühte Damen, auf die Pfeife schmauchenden Männer, die auf den Sandsteinstufen vor den umliegenden Häusern hockten. Neun blasse kleine Mädchen umringten kreischend einen fahrbaren Blumenstand, bettelten um Margeriten, um sie sich ins Haar zu stecken, doch der Händler sagte: »Haut ab!«, und davonspritzend wie Perlen eines gerissenen Armbands, drehten sie sich auf der Straße, wobei die Wilderen vor Lachen Luftsprünge machten und die Schüchternen, schweigend und abseits, sommerwelke Gesichter gen Himmel hoben: Der Regen, wollte er denn nie kommen?

Vincent, der eine Wohnung im Erdgeschoß hatte, ging einige Stufen hinunter und holte sein Schlüsselmäppchen hervor; blieb dann hinter der Haustür stehen und sah durch das Guckloch im Holz hinaus. Das Mädchen wartete oben auf dem Bürgersteig; sie lehnte sich an ein Sandsteingeländer, und ihre Arme sanken schlaff herab – und Popcorn rieselte wie Schnee um ihre Füße. Ein schmutziger kleiner Junge schlich verstohlen näher, um darin zu picken wie ein Eichhörnchen.

2

Für Vincent war es ein Feiertag. Niemand hatte den ganzen Vormittag lang in der Galerie vorbeigeschaut, was, angesichts des arktischen Wetters, nicht ungewöhnlich war. Er saß an seinem Schreibtisch, verschlang Mandarinen und amüsierte sich köstlich über eine Kurzgeschichte von Thurber in einem alten *New Yorker*. Da er laut lachte, hörte er das Mädchen nicht hereinkommen, sah sie nicht über den dunklen Teppich gehen, bemerkte sie überhaupt nicht, bis das Telefon klingelte. »Galerie Garland, guten Tag.« Sie war sonderbar, ganz zweifellos, dieser unschickliche Haarschnitt, die tiefelosen Augen – »Ah, Paul. *Comme ci, comme ça*, und dir?« – und angezogen wie eine Schießbudenfigur: kein Mantel, nur ein Holzfällerhemd, marineblaue Hosen und – war das ein Witz? – rosa Söckchen, geflochtene mexikanische Sandalen. »Ins Ballett? Wer tanzt? Ach, die!« Unter dem Arm trug sie ein flaches Paket, das in die Comicseiten einer Zeitung eingewickelt war – »Hör mal, Paul, kann ich dich zurückrufen? Ich habe Kundschaft …«, und den Hörer einhängend, ein geschäftsmäßiges Lächeln aufsetzend, stand er auf. »Ja?«

Ihre Lippen, krustig aufgesprungen, zitterten vor unausgesprochenen Worten, als hätte sie möglicherweise einen Sprachfehler, und ihre Augen rollten in ihren Höhlen wie Murmeln. Es war die Art von aufgeschreckter Schüchternheit, die man mit Kindern verbindet. »Ich habe ein Bild«, sagte sie. »Sie kaufen doch Bilder?«

Sofort wurde Vincents Lächeln starr. »Wir stellen aus.«

»Ich habe es selbst gemalt«, sagte sie, und ihre Stimme, heiser und leicht nuschelnd, verriet, dass sie aus den Südstaaten kam. »Das Bild – habe ich gemalt. Eine Dame sagte mir, dass es hier Geschäfte gibt, die Bilder kaufen.«

Vincent sagte: »Ja, sicher, aber eigentlich« – und er machte eine hilflose Geste – »eigentlich habe ich keinerlei Befugnisse. Mr. Garland – ihm gehört die Galerie, müssen Sie wissen – ist leider verreist.« Wie sie da auf der weiten Fläche des edlen Teppichs stand, den

Körper unter dem Gewicht ihres Pakets zur Seite gebeugt, sah sie aus wie eine armselige Stoffpuppe. »Vielleicht«, begann er, »vielleicht Henry Krueger weiter oben in Nummer fünfundsechzig …«, doch sie hörte nicht zu.

»Ich habe es selbst gemacht«, beteuerte sie leise. »Dienstag und Donnerstag waren unsere Mal-Tage, und ich habe ein ganzes Jahr daran gearbeitet. Die anderen, die haben es immer wieder verschandelt, und Mr. Destronelli …« Unvermittelt, wie sich einer Indiskretion bewusst, brach sie ab und biss sich auf die Unterlippe. Ihre Augen wurden schmal. »Er ist doch kein Freund von Ihnen?«

»Wer?«, sagte Vincent verwirrt.

»Mr. Destronelli.«

Er schüttelte den Kopf und fragte sich, warum ihm Exzentrizität immer diese eigenartige Bewunderung einflößte. Das gleiche Gefühl hatte er als Kind bei Missgeburten auf dem Jahrmarkt gehabt. Und es traf zu, dass bei allen, die er geliebt hatte, immer irgendetwas nicht ganz stimmte, kaputt war. Seltsam jedoch, dass diese Eigenart, nachdem sie eine Anziehungskraft bewirkt hatte, diese, in seinem Fall, regelmäßig beendete, indem sie sie zerstörte. »Natürlich habe ich keine Befugnisse«, sagte er noch einmal und fegte Mandarinenschalen in den Papierkorb, »aber wenn Sie möchten, kann ich mir Ihr Werk ja einmal ansehen.«

Eine kurze Pause, bevor sie, auf dem Boden kniend, die Verpackung aus Comicseiten abzunehmen begann. Ursprünglich waren sie, wie Vincent bemerkte, eine Beilage der *Times-Picayune* in New Orleans gewesen. »Sie sind aus dem Süden, habe ich recht?«, sagte er. Sie blickte nicht auf, aber er sah, wie sich ihre Schultern versteiften. »Nein«, sagte sie. Lächelnd überlegte er einen Moment, kam zu dem Schluss, dass es taktlos wäre, gegen eine so offenkundige Lüge zu protestieren. Oder konnte sie ihn missverstanden haben? Und mit einem Mal verspürte er das heftige Verlangen, ihren Kopf zu berühren, das jungenhafte Haar anzufassen. Er schob die Hände in die Hosentaschen und blickte zum Fenster. Es war mit Februarfrost überzogen, und irgendjemand hatte eine Obszönität auf die Scheibe gekratzt. »Da«, sagte sie.

Eine kopflose Gestalt in einer Art Mönchskutte lag selbstgefällig auf einer schäbigen Varietékiste ausgestreckt; in der einen Hand hielt sie eine qualmende blaue Kerze, in der anderen einen winzigen goldenen Käfig, und ihr abgetrennter Kopf lag blutend zu ihren Füßen: Es war der Kopf des Mädchens, doch hier war ihr Haar lang, sehr lang, und ein schneeweißes Kätzchen mit kristallhellen funkelnden Augen haschte verspielt, wie bei einem Garnknäuel, nach den ausgebreiteten Enden. Die Flügel eines Falken, kopflos, grellrote Brust, kupferfarbene Klauen, schlossen den Hintergrund ab wie ein Himmel in der Abenddämmerung. Es war ein krudes Gemälde, die harten reinen Farben aufgetragen mit männlicher Brutalität, und obwohl keine handwerklichen Vorzüge erkennbar waren, besaß es jene Kraft, die man oft in etwas findet, das tief empfunden, aber primitiv ausgedrückt ist. Vincent reagierte wie stets, wenn gelegentlich eine Phrase in einem Musikstück überraschend einen Ton inneren Wiedererkennens anschlug oder eine Reihe von Worten in einem Gedicht ihm ein Geheimnis enthüllte, das ihn selbst betraf: Er spürte, wie ihm ein heftiger Schauder des Entzückens den Rücken hinunterlief. »Mister Garland ist in Florida«, sagte er vorsichtig, »aber ich glaube, er sollte es sich anschauen. Könnten Sie es nicht für, sagen wir, eine Woche hierlassen?«

»Ich hatte einen Ring, und ich habe ihn verkauft«, sagte sie, und er hatte das Gefühl, sie spreche wie in Trance. »Es war ein schöner Ring, ein Ehering – nicht meiner – mit einer Inschrift darauf. Ich hatte auch einen Wintermantel.« Sie drehte an einem ihrer Hemdknöpfe, zog, bis er abriss und über den Teppich rollte wie ein perlgraues Auge. »Ich will nicht viel – fünfzig Dollar; ist das unangemessen?«

»Zu viel«, sagte Vincent schroffer, als er beabsichtigt hatte. Jetzt wollte er ihr Gemälde, nicht für die Galerie, sondern für sich selbst. Es gibt bestimmte Kunstwerke, die mehr Interesse an ihren Urhebern erregen als an dem, was diese geschaffen haben, gewöhnlich deshalb, weil man in diesen Werken etwas erkennt, das einem bis zu diesem Augenblick eine persönliche unausdrückbare

Empfindung zu sein schien, und man sich fragt: Wer ist dieser Mensch, der mich kennt, und wie kommt das? »Ich gebe Ihnen dreißig.«

Einen Moment lang starrte sie ihn stupide an, und dann, tief Atem holend, streckte sie die Hand aus, Handfläche nach oben. Diese Direktheit, zu unschuldig, um anstößig zu sein, brachte ihn aus der Fassung. Peinlich berührt sagte er: »Es tut mir wirklich schrecklich leid, aber ich muss Ihnen einen Scheck schicken. Könnten Sie …?« Das Telefon unterbrach ihn, und als er an den Apparat ging, folgte sie ihm mit ausgestreckter Hand, einen verzweifelten Blick im spitz gewordenen Gesicht. »Ah, Paul, kann ich zurückrufen? Ah, ich verstehe. Dann bleib kurz dran.« Er drückte die Sprechmuschel an die Schulter und schob Block und Bleistift über den Schreibtisch. »Hier, schreiben Sie Ihren Namen und Ihre Adresse auf.«

Doch sie schüttelte den Kopf, und der benommene, ängstliche Ausdruck verstärkte sich.

»Für den *Scheck*«, sagte Vincent, »ich

muss Ihnen einen Scheck schicken. Bitte Ihren Namen und Ihre Adresse.« Er grinste aufmunternd, als sie endlich zu schreiben begann.

»Entschuldige, Paul … Wessen Party? So ein Luder, sie hat mir keine Einladung … He!« rief er, da das Mädchen Richtung Tür ging. »Warten Sie!« Kalte Luft drang in die Galerie, und die Tür schlug glasklirrend zu. Hallohallohallo. Vincent antwortete nicht; er stand da und rätselte über die merkwürdigen Angaben, die sie auf seinem Block hinterlassen hatte: D.J. – YWCA. Hallohallohallo.

Es hing über seinem Kamin, das Gemälde, und in Nächten, in denen er nicht schlafen konnte, schenkte er sich ein Glas Bourbon ein und sprach mit dem kopflosen Falken, erzählte ihm sein Leben: Er war, so sagte er, ein Dichter, der nie Gedichte geschrieben hatte, ein Maler, der nie gemalt hatte, ein Liebender, der nie (uneingeschränkt) geliebt hatte – kurz gesagt, ein Mensch ohne Ziel, und völlig kopflos. Nicht dass er sich nicht bemüht hätte – ein guter Anfang jedes Mal, ein schlechter Ausgang jedes Mal. Vincent, weiß, männlich,

Alter sechsunddreißig, College-Absolvent: ein Mann auf hoher See, fünfzig Meilen vom Ufer; ein Opfer, geboren, ermordet zu werden, sei es von sich selbst oder einem anderen; ein Schauspieler ohne Engagement. Es war alles da, hier in diesem Gemälde, alles zusammenhanglos und verzerrt, und wer war sie, dass sie so viel wusste? Die Erkundigungen, die er eingezogen hatte, hatten zu nichts geführt; kein anderer Händler kannte sie, und nach einer D.J. zu suchen, die vermutlich in einem Wohnheim des YWCA lebte, erschien absurd. Zudem hatte er wirklich erwartet, dass sie wieder auftauchen würde, doch der Februar verging, und der März. Eines Abends, als er den Platz vor dem Plaza Hotel überquerte, passierte ihm etwas Seltsames. Die altertümlichen Droschkenkutscher, die die freie Fläche säumen, zündeten gerade ihre Kutscherlampen an, denn es dämmerte, und Lampenlicht fiel durch rauschende Blätter. Eine Droschke setzte sich in Bewegung und rollte im Zwielicht vorbei. Sie hatte nur einen Fahrgast, und diese Person, deren Gesicht er nicht sehen konnte, war ein

Mädchen mit kurzen rehbraunen Haaren. Also ließ er sich auf einer Bank nieder und, um sich die Zeit zu vertreiben, plauderte mit einem Soldaten und einem schwulen farbigen Jungen, der Gedichte zitierte, und einem Mann, der einen Dackel ausführte: Nachtgestalten, mit denen er wartete – aber die Kutsche mit der, auf die er wartete, kam nicht zurück. Ein andermal sah er sie (oder glaubte es zumindest) eine U-Bahn-Treppe hinuntergehen und verlor sie dann in den gekachelten Tunneln voll aufgemalter Pfeile und Kaugummi-Automaten. Es war, als wäre ihr Gesicht seinem Geist aufgeprägt; er konnte es nicht abschütteln, so wenig wie beispielsweise ein Toter angeblich seine Augen vom letzten Anblick frei machen kann. Mitte April fuhr er hinauf nach Connecticut, um ein Wochenende bei seiner verheirateten Schwester zu verbringen; war angespannt, sarkastisch und, wie sie klagte, überhaupt nicht er selbst. »Was ist los, Vinny-Schätzchen – falls du Geld brauchst …« – »Ach, sei still!«, sagte er. »Dann ist er bestimmt verliebt«, hänselte sein Schwager. »Komm schon, Vinny, gib's zu; wie ist sie denn so?« Und das Ganze brachte ihn so auf, dass er mit dem nächsten Zug heimfuhr. Aus einer Telefonzelle in der Grand Central Station rief er an, um sich zu entschuldigen, doch eine Übelkeit erregende Nervösität rumorte in ihm, und er legte auf, während das Fräulein vom Amt noch die Verbindung herzustellen versuchte. Er musste etwas trinken. Etwa eine Stunde verbrachte er in der Commodore Bar, wo er vier Daiquiri kippte – es war Samstag, es war neun, er hatte nichts vor, außer er unternahm es alleine, er tat sich selbst leid. Im Park dann, hinter der öffentlichen Bibliothek, wandelten Pärchen flüsternd unter Bäumen, und das Wasser der Trinkbrunnen gluckste leise, so wie ihre Stimmen, aber bei allem, was ihm der helle Aprilabend bedeutete, hätte Vincent, ein wenig betrunken und ziellos herumwandernd, genauso gut alt sein können, so wie die auf den Bänken sitzenden Greise, die Schleim abhusteten.

Auf dem Land ist der Frühling eine Zeit, in der sich kleine Ereignisse lautlos ereignen, Hyazinthentriebe in einem Garten sprießen, Weiden plötzlich in einem frostigen Feuer von

Grün erstrahlen, die Zeit der länger werdenden Tage mit langanhaltender Dämmerung und mitternächtlichem Regen, der Flieder erblühen lässt; in der Großstadt dagegen gibt es das Gedudel der Leierkastenmänner, und Gerüche, vom Winterwind ungemildert, verstopfen die Luft; lange geschlossene Fenster gehen auf, und Gesprächsfetzen, die aus einem Zimmer dringen, kollidieren mit dem Gebimmel eines Hausierers. Es ist die tolle Zeit der Luftballons und Rollschuhe, der Hinterhof-Baritone und der Männer mit verrückten Geschäftsideen, so wie der, der gerade hochsprang wie ein Schachtelmännchen. Er war alt, hatte ein Teleskop und ein Schild: »25 Cent. Ein Blick auf den Mond! Ein Blick auf die Sterne! 25 Cent.« Kein Stern konnte den grellen Schein einer Großstadt durchdringen, doch Vincent sah den Mond, eine weiße, schattenreiche Scheibe, und dann das blendende Licht elektrischer Glühbirnen: Four Roses, Bing Cro–. Er bewegte sich durch eine nach Karamell duftende Schalheit, schwamm durch Meere aus käseweißen Gesichtern, Neon und Dunkelheit. Das Plärren einer Jukebox wurde durch donnerndes Gewehrfeuer übertönt, eine Pappkarton-Ente fiel um, und jemand kreischte: »He, Iggy!« Es war eine Vergnügungsstätte am Broadway, ein Spielsalon, und von Wand zu Wand vollgepackt mit großspurigen Samstagsbesuchern. Er sah sich ein billiges Filmchen an (*Was der Schuhputzer sah*) und ließ sich von einer Wachs-Zigeunerin wahrsagen, die hinter Glas anzüglich grinste: »Sie haben eine liebevolle Natur …«, doch er las nicht weiter, denn vorn bei der Jukebox lockte ein interessantes Schauspiel. Eine dichte Menge junger Leute, die im Takt zu Jazzmusik klatschten, hatte einen Kreis um zwei farbige Tänzerinnen gebildet. Die beiden wiegten sich langsam und unbefangen wie Liebende, wippten und stampften und rollten ernste wilde Augen, die Muskeln in rhythmischem Einklang mit den Läufen einer Klarinette, dem anschwellenden Wirbel einer Trommel. Vincents Blick wanderte durch das Publikum, und als er sie sah, überlief ihn ein lebhafter Schauer, denn etwas von der Heftigkeit des Tanzes spiegelte sich in ihrem Gesicht. Sie stand neben einem großen hässlichen Burschen, und es war, als wäre sie eine Schlafende und die Negerinnen ein Traum. Trompete-Trommel-Klavier, die wimmernd die quäkende Stimme einer jungen Schwarzen begleiteten, heulten einem furiosen Finale zu. Das Klatschen hörte auf, die Tänzerinnen trennten sich. Sie war jetzt allein; obwohl Vincents Instinkt ihn gehen hieß, bevor sie ihn bemerkte, trat er vor, und so sanft, wie man eine Schlafende weckt, berührte er leicht ihre Schulter. »Guten Abend«, sagte er mit zu lauter Stimme. Sie drehte sich um und starrte ihn an, die Augen klar und ausdruckslos. Erst trat Angst, dann Verwirrung an die Stelle des toten, verlorenen Blicks. Sie machte einen Schritt rückwärts, und gerade als die Jukebox wieder zu plärren begann, fasste er sie am Handgelenk. »Erinnern Sie sich?«, half er nach. »Die Galerie? Ihr Gemälde?«

Sie blinzelte, ließ die Lider schläfrig über diese seltsamen Augen sinken, und er konnte das langsame Nachlassen der Spannung in ihrem Arm fühlen. Sie war dünner, als er sie in Erinnerung hatte, und hübscher, und ihre Haare, die sie hatte wachsen lassen, hingen lässig unordentlich herab. Ein Geschenkbändchen baumelte traurig an einer verirrten Strähne. Er wollte sagen: »Darf ich Sie auf einen Drink einladen?«, doch da lehnte sie sich an ihn, den Kopf an seine Brust geschmiegt wie ein Kind, und er sagte: »Willst du mit mir nach Hause kommen?« Sie hob das Gesicht; die Antwort, die schließlich kam, war ein Hauch, ein Wispern: »Bitte«, sagte sie.

Vincent zog sich aus, verstaute seine Sachen säuberlich im Wandschrank und bewunderte seine Nacktheit vor einer Spiegeltür. Er war nicht so stattlich, wie er glaubte, aber dennoch stattlich. Für seine bescheidene Körpergröße war er hervorragend proportioniert; sein Haar war dunkelblond, und sein feines, etwas stupsnasiges Gesicht hatte eine gute, gesunde Farbe. Das Rauschen von fließendem Wasser brach die Stille; sie war im Badezimmer, ließ sich ein Bad ein. Er zog einen locker sitzenden Flanellpyjama an, steckte sich eine Zigarette an, sagte: »Alles in Ordnung?« Das Wasser wurde abgestellt, langes Schweigen, dann: »Ja, danke.« Auf der Heimfahrt im Taxi hatte er versucht, Konversation zu machen, doch sie hatte kein Wort gesagt, nicht einmal, als sie die Wohnung betraten – und dies kränkte ihn, denn da er auf sein Heim geradezu weiblich stolz war, hatte er eine schmeichelhafte Bemerkung erwartet. Es bestand aus einem Zimmer mit enorm hoher Decke, einem Bad, einer Kochnische und einem Garten hinten. Bei der Einrichtung hatte er Modernes mit Antikem kombiniert und ein geschmackvolles Resultat erzielt. Die Wände schmückten ein Trio von Toulouse-Lautrec-Drucken, ein gerahmtes Zirkusplakat, das Gemälde von D.J., Photographien von Rilke, Nijinsky und der Duse. Auf einem Schreibtisch brannte ein Leuchter mit schlanken blauen Kerzen; das Zimmer, in ihr phantastisches Licht getaucht, flimmerte. Glastüren führten in den Garten. Er benutzte ihn kaum, denn es war unmöglich, ihn sauber zu halten. Dort standen einige tote Tulpenstängel dunkel im Mondschein, ein kümmerlicher Götterbaum und ein alter verwitterter Stuhl, den der Vormieter zurückgelassen hatte. Vincent ging auf den kalten Steinplatten auf und ab in der Hoffnung, dass sich das benommene, betrunkene Gefühl, das er empfand, in der kühlen Luft verflüchtigte. In der Nähe wurde ein Klavier malträtiert, und oben an einem Fenster war das Gesicht eines Kindes. Er spielte mit einem Grashalm herum, als ihr langer Schatten quer durch den Garten fiel. Sie stand unter der Tür. »Komm nicht heraus«, sagte er, auf sie zugehend. »Es ist ein wenig kalt geworden.«

Sie hatte jetzt etwas reizvoll Weiches; sie wirkte weniger eckig, weniger anders als der Durchschnitt, und Vincent, der ein Glas Sherry anbot, war entzückt von der Zartheit, mit der sie es an ihre Lippen hob. Sie trug seinen Frottee-Bademantel; er war ihr mehrere Nummern zu groß. Ihre Füße waren nackt, und sie zog sie neben sich auf die Couch. »Es ist wie in Glass Hill, das Kerzenlicht«, sagte sie und lächelte. »Meine Oma lebte in Glass Hill. Wir hatten es schön dort, manchmal; weißt du, was sie immer gesagt hat? Sie hat immer gesagt: ›Kerzen sind Zauberstäbe; zünde eine an, und die Welt ist ein Märchenbuch.‹«

»Muss ja eine langweilige alte Dame gewesen sein«, sagte Vincent, völlig betrunken. »Wir hätten uns vermutlich gehasst.«

»Granny hätte dich geliebt«, sagte sie. »Sie liebte alle Männer, jeden Mann, dem sie je begegnet ist, sogar Mr. Destronelli.«

»Destronelli?« Er hatte den Namen schon einmal gehört.

Ihre Augen glitten verstohlen zur Seite, und dieser Blick schien zu sagen: Es darf keine Ausflüchte zwischen uns geben, wir, die wir einander verstehen, haben das nicht nötig. »Ach, du weißt schon«, sagte sie mit einer Überzeugung, die unter normaleren Umständen überraschend gewesen wäre. Es war jedoch, als hätte er die Fähigkeit, überrascht zu sein, vorübergehend eingebüßt. »Den kennt doch jeder.«

Er legte den Arm um sie und zog sie näher. »Ich nicht«, sagte er und küsste ihren Mund, ihren Hals; sie war nicht besonders entgegenkommend, doch er sagte – und seine Stimme war jugendlich unsicher geworden: »Noch nie begegnet, diesem Sowieso.« Er ließ seine Hand in ihren Bademantel gleiten, schob ihn von ihren Schultern. Über der einen Brust hatte sie ein Muttermal, klein und sternförmig. Er blickte auf die Spiegeltür, wo unruhiges Licht ihr gemeinsames Spiegelbild kräuselte, beide blass machte und unvollständig. Sie begann zu lächeln. »Wie sieht er aus«, sagte er, »dieser Sowieso?« Die Andeutung eines Lächelns erlosch, ein kleines affenartiges Stirnrunzeln verfinsterte kurz ihr Gesicht. Sie blickte hinauf zu ihrem Gemälde über dem Kamin, und ihm wurde klar, dass sie dem Bild zum ersten Mal Beachtung schenkte; sie schien etwas Spezielles darauf zu studieren, aber ob den Falken oder den Kopf, konnte er nicht sagen. »Nun«, sagte sie leise, sich fester an ihn drückend, »er sieht aus wie du, wie ich, wie fast jeder.«

Es regnete; im nassen Mittagslicht brannten noch zwei Kerzenstummel, und an einem offenen Fenster flatterten verloren graue Vorhänge. Vincent zog seinen Arm weg, der taub war vom Gewicht ihres Körpers. Darauf bedacht, kein Geräusch zu machen, glitt er aus dem Bett, blies die Kerzen aus, ging auf Zehenspitzen ins Bad und tauchte das Gesicht in kaltes

Wasser. Auf dem Weg in die Kochnische ließ er seine Armmuskeln spielen, empfand dabei, wie schon lange nicht mehr, eine ausgesprochen männliche Freude an seiner Kraft, fühlte sich rundum als ganzer Mensch. Er machte Orangensaft, Rosinenbrot-Toast, eine Kanne Tee und stellte alles auf ein Tablett; dann trug er, so ungeschickt, dass alles auf dem Tablett klapperte, das Frühstück hinein und stellte es auf einen Tisch neben dem Bett.

Sie hatte sich nicht bewegt; ihr zerzaustes Haar breitete sich fächerförmig auf dem Kopfkissen aus, und die eine Hand ruhte in der Kuhle, in der sein Kopf gelegen hatte. Er beugte sich über sie und küsste ihre Lippen, und ihre Augenlider, blau vor Schlaf, zuckten. »Ja, ja, ich bin wach«, murmelte sie, und Regen, vom Wind erfasst, schlug wie Brandung gegen das Fenster. Er wusste irgendwie, dass es bei ihr keine der üblichen Geziertheiten geben würde: keine ausweichenden Blicke, keine verlegenen, vorwurfsvollen Pausen. Sie stützte sich auf den Ellbogen; sie sah ihn an, dachte Vincent, als wäre er ihr Ehemann, und als er ihr den Orangensaft reichte, lächelte er dankbar.

»Was ist heute?«

»Sonntag«, sagte er, schlüpfte wieder unter die Decke und stellte das Tablett auf seinen Schoß.

»Aber ich höre keine Kirchenglocken«, sagte sie. »Und es regnet.«

Vincent schnitt eine Scheibe Toast durch. »Das macht dir doch nichts aus, oder? Regen – ein so beruhigendes Geräusch.« Er schenkte Tee ein. »Zucker? Milch?«

Sie ging nicht darauf ein und sagte: »Heute ist Sonntag, und weiter? Ich meine, welcher Monat?«

»Wo lebst du eigentlich, etwa in der U-Bahn?«, sagte er grinsend. Und es verwirrte ihn, dass sie die Frage ernst gemeint haben könnte. »Oh, April ... der soundsovielte April.«

»April«, wiederholte sie. »Bin ich schon lange hier?«

»Erst seit gestern Abend.«

»Oh.«

Vincent rührte seinen Tee um, und der Löffel klingelte in der Tasse wie ein Glöckchen. Toastkrümel fielen zwischen die Laken, und er dachte an die *Tribune* und die *Times*, die draußen vor der Tür warteten, doch an diesem Morgen übten sie keinen Reiz auf ihn aus; es war schöner, hier neben ihr im warmen Bett zu liegen, Tee zu trinken, dem Regen zu lauschen. Sonderbar, wenn man es sich recht überlegte, zweifellos höchst sonderbar. Sie kannte seinen Namen nicht, und er nicht ihren. Und so sagte er: »Ich schulde dir noch dreißig Dollar, ist dir das klar? Aber du bist selber schuld – so eine blödsinnige Adresse zu hinterlassen. Und D.J., wofür steht das eigentlich?«

»Ich glaube, ich sollte dir meinen Namen lieber nicht sagen«, sagte sie. »Ich könnte ohne weiteres einen erfinden: Dorothy Jordan, Delilah Johnson; verstehst du? Ich könnte alle möglichen Namen erfinden, und wenn *er* nicht wäre, würde ich dir den richtigen sagen.«

Vincent stellte das Tablett auf den Boden. Er drehte sich auf die Seite, sodass er sie ansah, und sein Herz schlug schneller. »Welcher *er*?« Obwohl ihr Gesichtsausdruck ruhig war, lag leise Verärgerung in ihrer Stimme, als sie sagte: »Wenn du ihn nicht kennst, dann verrate mir, warum ich hier bin.«

Schweigen, und draußen schien der Regen plötzlich auszusetzen. Ein Nebelhorn tutete auf dem Fluss. Er drückte sie an sich, fuhr mit den Fingern durch ihr Haar, und da er wollte, dass sie ihm Glauben schenkte, sagte er: »Weil ich dich liebe.«

Sie schloss die Augen. »Was ist aus ihnen geworden?«

»Aus wem?«

»Den anderen, zu denen du das gesagt hast.«

Der Regen setzte wieder ein, prasselte grau gegen das Fenster, fiel auf stille sonntägliche Straßen; Vincent, der ihm zuhörte, dachte zurück. Er dachte an seine Kusine Lucille, die arme, schöne, dumme Lucille, die den ganzen Tag dasaß und Seidenblumen auf Stoffreste stickte. Und Allen T. Baker – an den Winter, den sie in Havanna verbracht hatten, das Haus, in dem sie gewohnt hatten, bröckelnde Wände aus rosenfarbenem Stein; der arme Allen hatte geglaubt, es sei für immer. Und an Gordon. Gordon mit den verrückten gelben

Haaren und einem Kopf voller elisabethanischer Balladen. Hatte er sich tatsächlich erschossen? Und Connie Silver, das taube Mädchen, die, die Schauspielerin hatte werden wollen – was war aus ihr geworden? Und aus Helen, Louise, Laura? »Da war nur eine«, sagte er, und für seine Ohren klang es wahr. »Nur eine, und die ist tot.«

Zärtlich, wie aus Mitgefühl, berührte sie seine Wange. »Wahrscheinlich hat er sie umgebracht«, sagte sie, und ihre Augen waren so nah, dass er die Umrisse seines Gesichts in ihrem Grün eingefangen sah. »Er hat nämlich Miss Hall umgebracht. Die netteste Frau auf der Welt, Miss Hall, und so hübsch, dass es einem den Atem verschlug. Ich hatte Klavierstunden bei ihr, und wenn sie Klavier spielte, wenn sie guten Tag sagte und wenn sie auf Wiedersehen sagte – es war, als würde mir das Herz stehen bleiben.« Ihre Stimme hatte einen unpersönlichen Ton angenommen, als spräche sie von Dingen, die in eine andere Epoche gehörten und die sie selbst nicht unmittelbar betrafen. »Es war Ende des Sommers, als sie ihn heiratete – im September, glaube ich. Sie ging nach Atlanta, und dort wurden sie getraut, und sie kam nie mehr zurück. Es passierte ganz plötzlich.« Sie schnalzte mit den Fingern. »Einfach so. Ich habe ein Bild von ihm in der Zeitung gesehen. Manchmal glaube ich, wenn sie gewusst hätte, wie sehr ich sie liebe – warum gibt es Menschen, denen man es nie sagen kann? –, dann hätte sie vielleicht nicht geheiratet; vielleicht wäre alles anders gekommen, so wie *ich* es wollte.« Sie drückte das Gesicht ins Kissen, und falls sie weinte, so war kein Ton zu hören.

Am zwanzigsten Mai wurde sie achtzehn; es erschien unglaublich – Vincent hatte sie für sehr viel älter gehalten. Er wollte sie auf einer Überraschungsparty vorstellen, hatte sich aber schließlich eingestehen müssen, dass dies keine gute Idee war. Erstens hatte er D.J., obwohl ihm das Thema ständig auf der Zunge lag, keinem seiner Freunde gegenüber auch nur ein einziges Mal erwähnt; zweitens konnte er sich entmutigend lebhaft vorstellen, welches Vergnügen es ihnen bereiten würde, ein Mädchen kennenzulernen, über das er, obwohl sie offen zusammenlebten, nichts wusste, nicht einmal den Namen. Dennoch verlangte der Geburtstag danach, gefeiert zu werden. Abendessen und ein Theaterbesuch kamen nicht in Frage. Sie hatte, was jedoch nicht seine Schuld war, kein einziges Kleid. Er hatte ihr über vierzig Dollar gegeben, damit sie sich etwas zum Anziehen kaufte, und sie hatte es für Folgendes ausgegeben: eine lederne Windjacke, eine Garnitur Haarbürsten, einen Regenmantel, ein Feuerzeug. Auch der Koffer, den sie in die Wohnung gebracht hatte, hatte nichts weiter enthalten als Hotelseife, eine Schere, mit der sie sich die Haare stutzte, zwei Bibeln und eine abscheuliche kolorierte Fotografie. Die Fotografie zeigte eine affektiert lächelnde Frau mittleren Alters mit plumpen Gesichtszügen. Darauf stand eine Widmung: Alles Gute und viel Glück wünscht Martha Lovejoy Hall.

Weil sie nicht kochen konnte, aßen sie auswärts; sein Gehalt und ihre begrenzte Garderobe erlaubten meist nur das Automatenrestaurant – ihr Lieblingslokal: Die Makkaroni waren einfach köstlich! – oder eine der Snackbars an der Third Avenue. Und so wurde das Geburtstagsessen in einem Automatenrestaurant eingenommen. Sie hatte sich das Gesicht geschrubbt, bis die Haut rot glänzte, sich die Haare geschnitten und gewaschen und sich, mit der Unbeholfenheit einer Sechsjährigen, die die große Dame spielt, die Nägel lackiert. Sie trug die lederne Windjacke, an der das Veilchensträußchen befestigt war, das er ihr geschenkt hatte; es muss komisch ausgesehen haben, denn zwei pöbelhafte Mädchen, die an ihrem Tisch saßen, kicherten wie verrückt. Vincent sagte, wenn sie damit nicht aufhörten, dann …

»Was dann? Für wen halten Sie sich eigentlich?«

»Superman. Der Blödmann hält sich für Superman.«

Das war zu viel, und Vincent verlor die Beherrschung. Er stieß sich vom Tisch ab, sodass eine Ketchup-Flasche umfiel. »Lass uns hier verschwinden«, sagte er, doch D.J., die dem Wortwechsel keinerlei Beachtung geschenkt hatte, fuhr ungerührt fort, ihr Brombeerdessert zu löffeln; obwohl er wütend war, wartete er ruhig, bis sie fertig war, denn er respektierte ihre Distanziertheit, auch wenn er sich fragte, in welcher Zeit sie eigentlich lebte. Es war zwecklos, wie er festgestellt hatte, sie nach ihrer Vergangenheit zu fragen; und doch schien sie sich nur hin und wieder der Gegenwart bewusst zu sein, und es war anzunehmen, dass ihr die Zukunft nicht viel bedeutete. Ihr Geist war wie ein Spiegel, der in einem kahlen Raum blaue Leere zurückwirft.

»Was möchtest du jetzt machen?«, sagte er, als sie auf die Straße traten. »Wir könnten mit einer Droschke durch den Park fahren.«

Sie wischte sich mit dem Jackenärmel die Brombeerflecken ab, die ihre Mundwinkel färbten, und sagte: »Ich möchte ins Kino gehen.«

Ins Kino. Schon wieder. Im vergangenen Monat hatte er so viele Filme gesehen, dass Fetzen von Hollywood-Dialogen durch seine Träume hallten. Eines Samstags hatten sie auf ihr Drängen hin Karten für drei verschiedene Filmtheater gekauft, billige Kinos, wo der Geruch von Latrinenreiniger die Luft verpestete. Und jeden Morgen, bevor er zur Arbeit ging, legte er fünfzig Cent auf den Kaminsims – und ob Regen oder Sonnenschein, sie ging ins Kino. Vincent war jedoch so feinfühlig zu verstehen, warum; auch in seinem Leben hatte es eine Zeit des Übergangs gegeben, in der er jeden Tag ins Kino ging, sich oft mehrere Vorstellungen ein und desselben Films unmittelbar nacheinander anschaute; es war wie eine Art Religion, denn wenn er dort die wechselnden Muster aus Schwarz und Weiß verfolgte, wurde ihm eine ähnliche Gewissenserleichterung zuteil, wie sie ein Mensch findet, der bei seinem Priester beichtet.

»Handschellen«, sagte sie, eine Anspielung auf eine Episode in *Die neununddreißig Stufen*, die sie im Beverly in einer Hitchcock-Retrospektive gesehen hatten. »Die blonde Frau und der Mann, die mit Handschellen aneinandergefesselt sind – dabei musste ich an etwas anderes denken.« Sie stieg in einen Pyjama von ihm, befestigte das Veilchensträußchen am Rand ihres Kopfkissens und warf sich aufs Bett. »So ertappt zu werden, aneinandergekettet.«

Vincent gähnte. »Mhm«, sagte er und

machte das Licht aus. »Nochmals herzlichen Glückwunsch zum Geburtstag, Liebling, ich hoffe, es war ein schöner Geburtstag.«

Sie sagte: »Ich war mal irgendwo, und da waren zwei Mädchen, die getanzt haben; sie waren so frei – es gab einfach nur sie beide und sonst niemand, und es war so schön wie ein Sonnenuntergang.« Sie schwieg geraume Zeit; dann, und ihre schleppende Stimme zog die Worte zusammen: »Es war wirklich nett von dir, mir Veilchen zu bringen.«

»Freut mich – gefallen haben«, antwortete er schläfrig.

»Schade, dass sie sterben müssen.«

»Ja, dann gute Nacht.«

»Gute Nacht.«

Nahaufnahme. Oh, aber John, es ist doch nicht meinetwegen, wir müssen doch an die Kinder denken, eine Scheidung würde ihr Leben ruinieren! Ausblendung. Die Leinwand zittert; Trommelwirbel, Trompetenstöße: R.K.O. präsentiert …

Da ist ein Saal ohne Ausgang, ein Tunnel ohne Ende. Oben funkeln Kronleuchter, und windschiefe Kerzen schwimmen auf Luftströmen. Vor ihm ist ein alter Mann, der in einem Schaukelstuhl schaukelt, ein alter Mann mit blondgefärbten Haaren, gepuderten Wangen, Amorbogen-Lippen: Vincent erkennt Vincent. Geh weg, schreit Vincent, der junge und stattliche, aber Vincent, der alte und hässliche, kriecht auf allen Vieren vorwärts und krabbelt ihm wie eine Spinne auf den Rücken. Drohungen, Bitten, Schläge, nichts kann ihn vertreiben. Und so jagt er mit seinem Schatten weiter, während sein Reiter auf und ab hüpft. Ein schlangenförmiger Blitz zuckt, und schlagartig wimmelt es im Tunnel vor Männern im Frack und Frauen in Abendkleidern aus Brokat. Er fühlt sich gedemütigt; für wie ungeschliffen müssen sie ihn halten, bei einer so eleganten Versammlung zu erscheinen, auf dem Rücken, wie Sindbad, einen widerlichen alten Mann. Die Gäste stehen versteinert paarweise herum, und niemand spricht. Dann bemerkt er, dass viele ebenfalls mit bösartigen, ihnen ähnelnden Gestalten beladen sind, äußerlichen Verkörperungen inneren Verfalls. Direkt neben ihm reitet ein eidechsenartiger Mann auf einem albinoäugigen Neger. Ein Mann kommt auf ihn zu, der Gastgeber; gedrungen, blühend, kahl, schreitet leichtfüßig, pedantisch in Lackschuhen aus; der eine Arm, steif abgewinkelt, trägt einen mächtigen kopflosen Falken, dessen Klauen um das Handgelenk gekrallt sind, Blut austreten lassend. Die Flügel des Falken breiten sich aus, während sein Meister vorbeistolziert. Auf einem Piedestal steht ein altmodisches Grammophon. Die Kurbel drehend, spielt der Gastgeber eine Platte ab: Ein blecherner, ausgeleierter Walzer lässt den purpurwindenförmigen Schalltrichter vibrieren.

Er hebt die Hand, und mit Sopranstimme verkündet er: »Achtung! Der Tanz beginnt.« Der Gastgeber mit seinem Falken schlängelt sich zwischen den Tänzern durch, die sich wiegen, im Kreis drehen. Die Wände weichen zurück, die Decke wird höher. Ein Mädchen gleitet in Vincents Arme, und eine brüchige, brutale Imitation seiner Stimme sagt: »Lucille, wie himmlisch; dieser exquisite Duft, sind das Veilchen?« Es ist Kusine Lucille, und dann, während sie den Raum umkreisen, verändert sich ihr Gesicht. Jetzt tanzt er mit einer anderen. »Ja, Connie, Connie Silver! Wie wundervoll, dich zu sehen«, kreischt die Stimme, denn Connie ist völlig taub. Plötzlich drängt sich ein Herr mit einer Schusswunde im Kopf dazwischen. »Gordon, verzeih mir, ich wollte nicht …«, doch sie sind fort, Gordon und Connie, tanzen miteinander. Wieder eine neue Partnerin. Es ist D.J., und auch an ihren Rücken klammert sich eine Gestalt, ein bezauberndes Kind mit kastanienbraunem Haar; wie ein Sinnbild der Unschuld drückt die Kleine ein schneeweißes Kätzchen an die Brust. »Ich bin schwerer, als ich aussehe«, sagt das Kind, und die schreckliche Stimme gibt zurück: »Aber ich bin der Schwerste von allen.« Sobald sich ihre Hände berühren, spürt er, wie die Last auf ihm leichter wird; der alte Vincent verschwindet. Seine Füße verlassen den Boden, er schwebt aus ihrer Umarmung nach oben. Das Grammophon spielt lauter denn je, aber er steigt höher, und die weißen zurückbleibenden Gesichter schimmern unter ihm wie Pilze auf einer dunklen Wiese.

Der Gastgeber gibt den Falken frei, schickt ihn in die Lüfte. Vincent denkt, ganz egal, er ist blind, und die Bösen sind unter den Blinden sicher. Doch der Falke kreist über ihm, stößt herab, die Klauen voran; und endlich weiß er, es gibt für ihn keine Freiheit.

Und die Schwärze des Zimmers erfüllte seine Augen. Der eine Arm hing über die Bettkante, sein Kissen war auf den Boden gefallen. Instinktiv streckte er die Hand aus, suchte den mütterlichen Trost des Mädchens neben ihm. Die Laken glatt und kalt; Leere und der aufdringliche Geruch vertrocknender Veilchen. Er fuhr senkrecht hoch: »Du, wo bist du?«

Die Glastüren standen offen. Ein aschfahler Streifen Mondlicht lag auf der Schwelle, denn es war noch nicht hell, und in der Küche schnurrte der Kühlschrank wie eine riesige Katze. Ein Stapel Papier auf dem Schreibtisch raschelte. Vincent rief erneut, leise diesmal, als wollte er ungehört bleiben. Er stand auf, taumelte auf schwankenden Beinen vorwärts und blickte in den Garten. Dort war sie, lehnte, halb kniend, am Götterbaum. »Was?«, und sie wirbelte herum. Er konnte sie nicht deutlich sehen, nur eine dunkle stoffliche Form. Sie kam näher. Ein Finger lag auf ihren Lippen.

»Was ist los?«, flüsterte er.

Sie stellte sich auf die Zehenspitzen, und ihr Atem kitzelte in seinem Ohr. »Ich warne dich, geh wieder hinein.«

»Lass den Blödsinn«, sagte er mit normaler Stimme. »Barfuß hier draußen, du holst dir …«, doch sie hielt ihm mit der Hand den Mund zu.

»Ich habe ihn gesehen«, flüsterte sie. »Er ist hier.«

Vincent stieß ihre Hand weg. Es fiel ihm schwer, sie nicht zu schlagen. »Er! Er! Er! Was ist eigentlich los mit dir? Bist du« – zu spät versuchte er das Wort zu vermeiden – »wahnsinnig?« Da war es, das Eingeständnis einer Sache, die er gewusst hatte, die er seinen Verstand aber nicht in Worte hatte fassen lassen. Und er dachte: Warum sollte das etwas ändern? Ein Mann kann nicht verantwortlich gemacht werden für diejenigen, die er liebt. Falsch. Die schwachsinnige Lucille, die Mosaiken in Seide webte, seinen Namen auf Schals stickte; Connie, in ihrer stillen tauben Welt, die lauschend auf seine Schritte wartete, die sie doch gewiss hören würde; Allen T. Baker, der über sein Foto streicht, noch immer Liebe braucht, aber alt nun ist und verlassen – alle hatte er verraten. Und er hatte sich selbst verraten, mit verschleuderten Talenten, nie unternommenen Reisen, unerfüllten Erwartungen. Nichts schien ihm mehr geblieben zu sein, bis – ach, warum musste er in seinen Geliebten stets das Zerrbild seiner selbst entdecken? Jetzt, da er sie in der abnehmenden Dämmerung betrachtete, war sein Herz kalt angesichts des Todes der Liebe.

Sie ging zurück, wieder unter den Baum. »Lass mich allein«, sagte sie, mit den Augen die Fenster des Wohnblocks absuchend. »Nur einen Moment.«

Vincent wartete, wartete. Auf allen Seiten blickten Fenster herab wie die Türen in Träumen, und oben, vier Treppen höher, flatterte die Wäsche einer Familie auf der Leine. Der untergehende Mond war wie der frühe Mond der Abenddämmerung, ein dunstiges Wagenrad, und der Himmel, dem die Dunkelheit entwich, war in Grau getaucht. Den Sonnenaufgang begleitender Wind rüttelte an den Blättern des Götterbaums, und im heller werdenden Licht bekam der Garten Struktur, Gegenstände nahmen einen festen Platz ein, und von den Dächern kam das kehlige Morgengurren der Tauben. Ein Licht ging an. Ein zweites.

Und endlich ließ sie den Kopf sinken; was immer sie auch suchte, sie hatte es nicht gefunden. Oder, fragte er sich, als sie mit verzogenem Mund auf ihn zukam, etwa doch?

»Na, Sie sind heut aber früh daheim, was, Mr. Waters?« Es war Mrs. Brennan, die o-beinige Frau des Hausmeisters. »Übrigens, Mr. Waters – herrliches Wetter, was? –, Sie und ich hätten da was zu bereden.«

»Mrs. Brennan« – wie schwer es fiel zu atmen, zu sprechen; die Worte kratzten in seiner schmerzenden Kehle, klangen laut wie Donnerschläge –, »ich bin ziemlich krank, wenn Sie also gestatten ...«, und er versuchte, sich an ihr vorbeizuschieben.

»Tut mir leid zu hören. Das muss das Giftzeug sein. Ich sage Ihnen, man kann gar nicht vorsichtig genug sein. Das sind die Juden, wissen Sie. Denen gehören doch die ganzen Feinkostgeschäfte. Aber ohne mich, ich ess nix von Juden.« Sie trat vor das Törchen, versperrte ihm den Weg und hob mahnend den Zeigefinger. »Das Problem mit Ihnen ist, Mr. Waters, Sie führen kein *normales* Leben.«

Ein quälender Schmerz saß wie ein bösartiges Juwel mitten in seinem Kopf; jede Bewegung tat weh und ließ juwelenbesetzte farbige Punkte auflodern. Die Hausmeistersfrau plapperte weiter, aber es gab leere Momente, in denen er, glücklicherweise, überhaupt nichts hörte. Es war wie bei einem Radio – der Ton abgestellt, dann volle Lautstärke. »Ich weiß ja, dass sie ein anständiger Christenmensch ist, Mr. Waters, sonst würd' ein Gentleman wie Sie doch nicht mit ihr – hm. Aber Tatsache ist, der Mr. Cooper erzählt keine Lügen, und außerdem ist er ein sehr bedächtiger Mensch. Ist schon Gasableser im Bezirk seit Gott weiß wie lang.« Ein Lastwagen rollte durch die Straße, sprengte Wasser, und ihre Stimme, die in seinem Lärm unterging, tauchte wieder auf wie ein Hai. »Der Mr. Cooper hat allen Grund anzunehmen, dass sie ihn umbringen wollte – wie man sich ja denken kann, wenn die mit der Schere dasteht und schreit. Sie hat ihn was Italienisches genannt. Dabei braucht man sich den Mr. Cooper bloß anzuschauen, um zu wissen, dass er kein Italiener ist. Sie verstehen sicher, Mr. Waters, dass derartige Vorkommnisse das Haus in Verruf …«

Spröder Sonnenschein, der tief in seine Augen eindrang, löste Tränen aus, und die Hausmeistersfrau, mit erhobenem Zeigefinger, schien in Einzelteile zu zerfallen: eine Nase, ein Kinn, ein rotes, rotes Auge. »Mr. Destronelli«, sagte er. »Entschuldigen Sie, Mrs. Brennan, ich meine, entschuldigen Sie.« Sie denkt, ich bin betrunken, und dabei bin ich krank, sieht sie nicht, dass ich krank bin? »Mein Gast reist ab. Sie reist noch heute ab, und sie wird nicht wiederkommen.«

»Na, wenn das so ist«, sagte Mrs. Brennan und schnalzte mit der Zunge. »Scheint ein bisschen Erholung zu brauchen, das arme

Ding. So blass aber auch. Ich will mit Italienern so wenig zu tun haben wie jeder andere, aber sich vorzustellen, den Mr. Cooper für 'nen Italiener zu halten. Dabei ist er so weiß wie Sie oder ich.« Sie klopfte ihm besorgt auf die Schulter. »Tut mir leid, dass es Ihnen nicht gut geht, Mr. Waters; das Giftzeug, ich sag's Ihnen. Man kann gar nicht vorsichtig genug …«

Im Korridor roch es nach Essen und Asche aus der Verbrennungsanlage. Vor ihm war eine Treppe, die er nie benutzte, da seine Wohnung im Erdgeschoss lag, direkt vor ihm. Ein Zündholz flammte auf, und Vincent, der sich vorwärts tastete, sah einen kleinen Jungen – er war nicht älter als drei oder vier – unter der Treppe hocken; er spielte mit einer großen Schachtel Küchenstreichhölzern, und Vincents Anwesenheit schien ihn nicht zu interessieren. Er strich einfach ein weiteres Zündholz an. Vincent gelang es nicht, seinen Verstand dazu zu bringen, eine Rüge zu formulieren, und während er noch wartete, keinen Ton herausbrachte, ging eine Tür, seine Tür, auf.

Verstecken. Denn falls sie ihn sah, würde sie merken, dass etwas nicht stimmte, würde etwas ahnen. Und falls sie sprach, falls ihre Blicke sich trafen, wäre er nie imstande, die Sache durchzuziehen. Also drückte er sich hinter dem kleinen Jungen in eine dunkle Ecke, und der kleine Junge sagte: »Was machst du da, Mister?« Sie kam auf ihn zu – er hörte das Tappen ihrer Sandalen, das grüne Wispern ihres Regenmantels. »Was machst du da, Mister?« Vincent, dessen Herz wie wild in seiner Brust klopfte, bückte sich rasch, drückte das Kind an sich und hielt ihm den Mund zu, damit es kein Geräusch machte. Er sah sie nicht vorbeigehen; erst später, als die Haustür ins Schloss fiel, merkte er, dass sie fort war. Der kleine Junge setzte sich wieder auf den Boden. »Was machst du da, Mister?«

Vier Aspirin, direkt hintereinander, und er kam wieder ins Zimmer; das Bett war seit einer Woche nicht gemacht worden, auf dem Fußboden lag der verschüttete Inhalt eines Aschenbechers, Kleidungsstücke aller Art zierten unpassende Stellen, Lampenschirme und Ähnliches. Aber morgen, falls er sich besser fühlte, würde gründlich geputzt werden; vielleicht würde er die Wände neu streichen lassen, vielleicht den Garten in Ordnung bringen. Morgen konnte er anfangen, wieder an seine Freunde zu denken, Einladungen anzunehmen, Gäste zu bewirten. Und doch war diese Aussicht, im Voraus gekostet, ohne Würze: Alles, was er früher gekannt hatte, erschien ihm nun steril und künstlich. Schritte im Korridor; konnte sie so früh zurück sein, das Kino aus, der Nachmittag vorbei? Fieber kann die Zeit auf seltsame Weise vergehen lassen, und einen Moment lang hatte er das Gefühl, als schwebten seine Knochen einzeln in ihm herum. Klapp-klapp, das Schlurfen der Schuhe eines Kindes, die Schritte gingen die Treppe hinauf, und Vincent bewegte sich, schwebte zum Schrank mit der Spiegeltür. Er wollte sich beeilen, wusste, dass er sich beeilen musste, aber die Luft schien mit einer gummiartigen Flüssigkeit angefüllt zu sein. Er holte ihren Koffer aus dem Schrank und legte ihn aufs Bett, einen armseligen Koffer mit rostigen Schlössern und verzogenem Leder. Er musterte ihn schuldbewusst. Wohin würde sie gehen? Wie würde sie leben? Als er mit Connie, Gordon, all den anderen Schluss gemacht hatte, war das zumindest mit Anstand geschehen. Aber – und er hatte es genau durchdacht – es gab wirklich keine andere Möglichkeit. So sammelte er ihre Habseligkeiten ein. Miss Martha Lovejoy Hall spähte unter der ledernen Windjacke hervor, ihr lächelndes Klavierlehrerinnen-Gesicht ein indirekter Vorwurf. Vincent drehte sie um, Gesicht nach unten, und steckte einen Umschlag, der zwanzig Dollar enthielt, in den Rahmen. Das reichte für eine Fahrkarte zurück nach Glass Hill oder wo immer sie herkam. Dann versuchte er den Koffer zu schließen, aber vom Fieber geschwächt, ließ er sich auf das Bett fallen. Flinke gelbe Flügel glitten durch das Fenster herein. Ein Schmetterling. Er hatte noch nie einen Schmetterling in dieser Stadt gesehen, und er glich einer schwebenden geheimnisvollen Blume, einer Art Symbol, und Vincent verfolgte fast mit Entsetzen, wie er in der Luft herumtanzte. Draußen begann irgendwo der Leierkasten eines Bettlers zu dudeln; er klang wie ein kaputtes Pianola, und er spielte die *Marseillaise*. Der Schmetterling ließ sich auf ihrem Gemälde nieder, kroch über kristallklare Augen und legte seine Flügel wie eine Schleife auf den abgetrennten Kopf. Er kramte im Koffer herum, bis er ihre Schere fand. Zuerst hatte er vor, die Flügel des Schmetterlings zu zerschneiden, doch dieser flog in Spiralen hinauf an die Decke und hing dort wie ein Stern. Die Schere stach dem Falken ins Herz, fraß sich durch Leinwand wie ein gieriges stählernes Maul, Bilderfetzen rieselten zu Boden wie Schnipsel steifer Haare. Er kniete sich hin, schob die Teile zu einem Haufen zusammen, legte sie in den Koffer und knallte den Deckel zu. Er begann zu weinen. Und durch die Tränen vergrößerte sich der Schmetterling an der Decke, hing dort wie ein Vogel, und da war noch mehr: ein Schwarm aus sirrendem, blinzelndem Gelb, einsam wispernd wie Brandung, die ans Ufer schlägt. Der Wind ihrer Flügel blies das Zimmer hinaus ins All. Er schleppte sich mit dem Koffer, der gegen sein Bein schlug, vorwärts und riss die Tür auf. Ein Streichholz flammte auf. Der kleine Junge sagte: »Was machst du da, Mister?« Und Vincent stellte, blöde grinsend, den Koffer in den Korridor. Er schloss die Tür wie ein Dieb, verriegelte das Sicherheitsschloss und holte einen Stuhl, den er unter die Türklinke klemmte. In dem stillen Zimmer bewegten sich nur das unmerklich weiterwandernde Sonnenlicht und ein krabbelnder Schmetterling; er flatterte herab wie ein Fetzen Buntpapier und landete auf einem Kerzenleuchter. *Manchmal ist er überhaupt kein Mann* – hatte sie zu ihm gesagt, hier auf das Bett gekauert, hastig sprechend in den Minuten vor Morgengrauen –, *manchmal ist er etwas ganz anderes: ein Falke, ein Kind, ein Schmetterling.* Und dann hatte sie gesagt: *An dem Ort, wo sie mich hinbrachten, gab es Hunderte von alten Damen, und junge Männer, und einer der jungen Männer sagte, er sei ein Pirat, und eine der alten Damen – sie war fast neunzig – ließ mich immer ihren Bauch fühlen. »Fühl mal«, sagte sie, »spürst du, wie kräftig er strampelt?« Diese alte Dame nahm auch Malunterricht, und ihre Gemälde sahen aus wie verrückte Patchworkdecken. Und natürlich war er an diesem Ort. Mr. Destronelli. Nur nannte er sich Gum. Doktor Gum. Aber mich konnte er nicht täuschen, obwohl er eine graue Perücke trug und sich so zurechtmachte, dass er wirklich alt und gütig aussah, ich wusste Bescheid. Und dann ging ich eines Tages, lief einfach weg und versteckte mich unter einem Fliederbusch, und ein Mann in einem kleinen, roten Auto kam vorbei, und er hatte einen kleinen, mausgrauen Schnurrbart und kleine, grausame Augen. Aber es war er. Und als ich ihm sagte, wer er war, musste ich sofort aus seinem Auto aussteigen. Und dann nahm mich ein anderer Mann mit, das war in Philadelphia in einem Café, und ging mit mir in ein Gässchen. Er sprach Italienisch und hatte überall Tätowierungen. Aber es war er. Und der nächste Mann, das war der, der sich die Fußnägel lackierte, setzte sich in einem Kino neben mich, weil er dachte, ich sei ein Junge, und als er merkte, dass er sich geirrt hatte, wurde er nicht wütend, sondern ließ mich in seinem Zimmer wohnen und kochte hübsche Sachen für mich. Aber er trug ein silbernes Medaillon, und eines Tages schaute ich hinein, und da war ein Bild von Miss Hall. Da wusste ich, dass er es war, und da hatte ich das komische Gefühl, dass sie tot ist, und da wusste ich, dass er mich ermorden will. Und das wird er. Das wird er.* Abenddämmerung, und Einbruch der Nacht, und die Klangfasern, die man Stille nennt, webten eine leuchtende blaue Maske. Als er erwachte, spähte er durch schmale Augenschlitze, hörte den hektischen Pulsschlag seiner Armbanduhr, das Kratzen eines Schlüssels im Schloss. Irgendwo in dieser Dämmerstunde löst sich ein Mörder aus dem Dunkel und folgt mit einem Strick dem Schimmer seidenbestrumpfter Beine eine verhängnisvolle Treppe hinauf. Und der Träumer, durch seine Maske starrend, träumt von Täuschung. Ohne nachzusehen, weiß er, dass der Koffer fehlt, dass sie gekommen ist, dass sie gegangen ist; warum empfindet er dann nicht ein freudiges Gefühl der Sicherheit, sondern fühlt sich nur betrogen, und klein – so klein wie in der Nacht, als er den Mond durch das Teleskop eines alten Mannes betrachtete?

Truman Capote, 1924 – 1984, war einer der bedeutendsten und glamourösesten Schriftsteller des 20. Jahrhunderts. Zu seinen wichtigsten Werken zählen *Andere Stimmen, andere Räume* (1948), *Die Grasharfe* (1951), *Frühstück bei Tiffany* (1958) und *Kaltblütig* (1973). Postum wurden 1987 – unvollendet – der Roman *Erhörte Gebete* und 2005 das neu entdeckte Debüt *Sommerdiebe* veröffentlicht. Sein gesamtes Werk ist bei Kein & Aber erhältlich.

Textnachweise:

Wüste
Orig.: *Mojave* · Copyright © 1975 by Truman Capote, Copyright renewed 2003 by Alan U. Schwartz

Yachten und dergleichen
Orig.: *Yachts and Things* · Copyright © 2012 by the Truman Capote Literary Trust · Deutsche Erstveröffentlichung

Die Wände sind kalt
Orig.: *The Walls Are Cold* · Copyright © 1943 by Truman Capote

Wege ins Paradies
Orig.: *Among the Paths to Eden* · Copyright © 1960 by Truman Capote, Copyright renewed 1988 by Alan U. Schwartz

Das Schnäppchen
Orig.: *The Bargain* · Copyright © 2004 by the Truman Capote Literary Trust

Der kopflose Falke
Orig.: *The Headless Hawk* · Copyright © 1946 and Copyright renewed 1973 by Truman Capote